军事基础训练创新与实践

主　　编　赵满运
副 主 编　杨浩武　郭　军　鲁大策
编写人员　朱晓峰　刘亚兴　刘雄志　杜桥省
　　　　　杨浩武　吴　浩　张永天　赵满运
　　　　　贾　滨　郭　军　鲁大策　魏际英
主　　审　余国平　郭庆东

西北工業大學出版社

【内容简介】 本书在总结军事基础传统训练方法的基础上，系统论述了新时期军事基础训练的特点、要求和组训方法，主要内容包括信息化条件下军事基础训练、队列训练的组织实施、轻武器射击训练的组织与实施、战术基础组织与实施、核化生防护训练的组织与实施、安全训练组织与实施、野外生存训练组织与实施、基础体能训练组织与实施、心理行为和障碍训练组织与实施、常用体育竞赛的组织与实施、部队常用大型文体展示项目。

本书可作为军队基层干部、军校教员、民兵和预备役干部组织军事基础教学训练的参考书，也可为部队基层、大专院校、厂矿企业等组织体育竞赛等活动提供参考。

图书在版编目（CIP）数据

军事基础训练创新与实践/赵满运主编．—西安：西北工业大学出版社，2012.1(2024.8重印)
ISBN 978－7－5612－3307－8

Ⅰ．①军…　Ⅱ．①赵…　Ⅲ．①军事训练　Ⅳ．E13

中国版本图书馆CIP数据核字(2012)第010161号

出版发行：西北工业大学出版社
通信地址：西安市友谊西路127号　　邮编：710072
电　　话：(029)88493844　88491757
网　　址：www.nwpup.com
印 刷 者：西安五星印刷有限公司
开　　本：787 mm×1 092 mm　1/16
印　　张：9.375
字　　数：225千字
版　　次：2012年1月第1版　　2024年8月第2次印刷
定　　价：39.00元

前　　言

军事基础既属于军人职业训练的范畴，同时也是国防教育的重要内容，它是每个军人必须掌握的基本技能和必须具备的基本素养。军事基础训练是军事训练的重要组成部分，具有军事训练的共性特征，必须遵循“仗怎么打，兵怎么练”“一切从实战出发，严格要求，严格训练”等基本规律，但军事基础训练又有其个性特征，准确把握其内容、目的、要求和特点，对于科学组训、提高训练质量有着非常重要的意义和作用。

参加本书编写的同志，长期从事军事基础教学训练工作，具有丰富的实践经验，也具有一定的理论造诣。本书的编撰出版既饱含我们对军事基础教学训练工作的深厚感情，也凝聚着我们长期训练中付出的辛勤汗水。在编写过程中，每个同志都倾注了大量心血，其中，赵满运同志撰写了第一章，郭军同志撰写了第二章，朱晓峰同志撰写了第三章，贾滨同志撰写了第四章，吴浩同志撰写了第五章，杜桥省同志撰写了第六章，张永天同志撰写了第七章，杨浩武同志撰写了第八章，刘雄志同志撰写了第九章，刘亚兴同志和鲁大策同志撰写了第十章，魏际英同志撰写了第十一章，最后由赵满运同志统稿，余国平、郭庆东等同志审稿，王京地、艾金泉、路开、张联、艾江、季电力、李鸿雁、沈迪萍等同志参加了相关问题的探讨和研究以及书稿的校对工作，在此对他们表示感谢。因此，本书是集体智慧的结晶。

在编写过程中，秉承从部队实际出发，面向基层官兵的指导思想，突出实用性和操作性，力求对促进军事基础训练能发挥绵薄之力。由于水平有限，难免会出现欠妥之处，敬请各位读者提出宝贵意见，我们一定诚恳接受。

编　者

2011 年中秋于西安

目　　录

第一章　信息化条件下军事基础训练

军事基础训练是军事训练的重要组成部分，具有军事训练的共性特征，必须遵循“仗怎么打，兵怎么练”“一切从实战出发，严格要求，严格训练”等基本规律，但军事基础训练又有其个性特征，准确把握其内容、目的、要求和特点，对于科学组训，提高训练质量有着非常重要的意义和作用。

第一节　信息化条件下军事基础训练的内容和目标

军事专业的基础统称为军事基础，是一个泛化的概念。通常情况下，军事基础是指每个军人必须掌握的基本技能、基础理论以及身体和心理素质的统称。它是军人职业素养的基础，每个军人都必须具备，同时它也是技术素养、战术素养、指挥素养的基础，技战术训练都是在军事基础训练的基础上展开，是对军事基础训练的延伸和拓展。军事基础训练就是促使军人掌握军事基础理论，提高军事基本技能和身体、心理素质的训练活动。

一、军事基础训练的内容

军事基础训练内容是非常丰富的，不同时期有不同的重点，不同军（兵）种有不同侧重，不同专业有不同要求，院校和部队有不同设置。根据《中国人民解放军军事训练大纲》和“军队院校军事基础课程和科目设置”等法规资料，军事基础的基础理论包括军事思想、军事历史、军兵种知识、外军知识、联合作战知识、信息战知识、非战争军事行动知识、安全知识、“三战”知识等内容，在院校教学中还有军队基层管理等知识；基本技能训练包括队列训练、战备基础、轻武器射击、战术基础、常规武器和核化生武器防护、识图用图、汽车驾驶、安全训练、心理训练、野外生存等内容；体能训练包括基础体能、专业体能、游泳训练、障碍训练、擒拿格斗、器械体操、竞技体育等训练内容。有些资料把军队执行多样化任务的技能训练也纳入军事基础的范畴。

信息化条件下，通过独立设置信息化训练课目，融合设置信息化训练条件，嵌入设置信息化训练内容，细化明确信息化考核标准等方法，使得军事基础训练的信息化特征更加鲜明。

二、军事基础训练的目标

军事基础训练是提高军人基本军事技能、培养军人过硬作风的重要阵地。其主要任务包含两方面内容，一是提高军事技能，增强体质体能，打牢军事基础；二是培养军人服从命令、听从指挥，令行禁止、雷厉风行，整齐划一、协调一致的军人作风和勇敢顽强、敢于战斗、敢于胜利的战斗精神。这些直接指向了合格军事人才的“内核”，对于提高军人综合素质起着非常重要的作用，并充分说明了军事基础教育训练在军事训练体系中具有不可或缺的重要地位。

第二节　信息化条件下军事基础训练的特点和要求

科学技术的发展，以人为本理念的普及，军事基础教育训练赋予了新的内涵和新的任务。只有树立创新的理念，才能保证军事基础训练跟得上军事训练发展的时代潮流。

一、训练要求严，有统一的标准规范训练

实施正规系统的训练是和平时期保持和提高部队战斗力的主要途径。严格按照训练条令、训练大纲去规范训练活动的步骤和环节，使训练制度化、规范化，克服军事训练中的盲目性、随意性，从而达到提高训练质量的目的，这是军事训练必须遵循的基本规律。由于军事基础训练课目多、内容多、时间紧、训练条件差、施教力量薄弱，在部队训练中很容易出现走过场、跑龙套的现象，因此，依法施训、依法组训、依法考核、依法奖惩对军事基础训练有着重要的现实意义。

军事基础训练的要求更加明确、标准更加具体。《中国人民解放军军事训练条例》和《中国人民解放军军事训练与考核大纲》都对军事基础训练提出了明确的要求，规范了军事基础训练的内容、时间、方法和考核，规范了基本技能训练和军人体能训练的达标标准。贯彻正规施训原则的基本要求有以下几点。

(1)按训练大纲施训。训练大纲对训练科(课)目、目的、内容、考核和保障做了明确规定，是军事基础训练的基本依据，是训练正规系统的客观标志。各级必须按纲施训，保证训练内容、时间、人员、效果的落实。

(2)坚持训练制度。训练制度是上级领导机关对组织实施训练制定的各项规定，是训练中必须遵守的行为准则，坚持训练制度是实施正规训练的基本要求、依法治训的重要方面。要坚持各项训练制度，克服军事基础训练的随意性。

(3)训练的组织实施要规范化。军事训练是一个复杂的过程，为取得最佳训练效果，就要按正规系统的要求科学组织实施，这包括训练计划周密，保证军事基础训练有条不紊地进行；训练准备确实，思想上高度重视，组织严密，装备、场地、教材保障到位；训练内容配套，衔接紧密，能形成战斗力；训练方法科学，训练效果明显；训练保障有力，教材、器材、场地先进，能保障训练需要。

二、训练强度大，需要时间保证和量的积累

军事训练必须达到一定“量”的标准，才能达成军事训练的目的，这是军事训练的基本特征。必须落实“从难、从严、从实战出发，严格要求，严格训练”的基本准则。从技能训练的角度出发，要着眼于实战需要，反复研究摸索未来作战的各种技能和战法，不怕流汗、勇于吃苦、严扣细训，切实把技术练精、战术练活。从作风培养的角度出发，对于思想活跃、充满激情、崇尚个性的年青军人来说，服从命令的意识和自觉遵守纪律的行为要通过严格的要求和坚持不懈的努力才能养成，这需要通过大强度、高密度、严要求和高标准的训练，增强军人的纪律观念，帮助军人把服从命令、遵纪守规内化为自己的习惯。

三、训练样式多，强调教养一致，训用一体

“练为战”揭示了军事训练的深刻内涵，反映了军事训练的基本规律。军事基础教育训练

也应该从实战的需要出发，实施“对抗性”训练，提高军人适应未来战争的能力。“实战化”训练体现在以下几个方面：①组织形式由室外向野外延伸；②训练内容由单一向综合拓展；③训练模式从“独角戏”向对抗化过渡；④组织方法由经验向科学转化；⑤训练手段由传统型向信息化发展。因此要深入部队训练一线，了解部队实际需要，调整训练内容，合理设置野外和“对抗性”的训练课程，突出军事基础教育训练的特色。

四、训练方法化，注重教练结合，精讲多练

精讲多练，就是要求在军事基础训练中要用较少的时间把问题讲深讲透，用较多的时间进行实际练习，讲练结合，以练为主。精讲多练是由军事基础训练的特点和规律所决定的。军事知识技能有很强的实践性，这些知识和技能的掌握仅靠理论的灌输是不可能完全解决问题的，必须通过实际练习和体验才能理解和消化，进而使知识转化为能力。这就要求在军事训练中，要恰当地区分讲练的时间比例，重点内容要精讲，关键动作要多练，把实际作战中必备的基本功练熟练精。

贯彻精讲多练原则的基本要求是要处理好“精讲”与“多练”的关系。精讲，就是以简明精炼的语言，深入浅出、通俗易懂、准确生动地把问题讲深讲透，使受训者易学、易懂、易记、易用，尽可能地减少讲解时间。讲的多与少，以能否使受训者弄懂弄通为标准。多练，是在理解知识的基础上多练，以熟练掌握所需的战斗技能为目标。精讲是为了多练，多练就必须精讲，多练就是强调训练的反复性，因为军事基础训练的内容具有很强的操作性，熟练的基本技能主要是通过反复练习才能掌握，俗话说：“熟能生巧”，讲的就是这个道理。因此，要使受训者在理解知识的基础上，舍得花时间练，采用多种方法手段促使其不断练习，直至达到训练目的。

五、以作战需求为牵引，调整军事基础的教学内容

仗怎么打，兵怎么练，以作战需要牵引课程设置是任职教育的突出特点。军事基础的调整要依据信息化战争对指挥人才素质要求的变化，作战需要什么，课程增加什么，当前主要是加强新理论、新知识、新技术、新装备、新战法的学习。例如，依据使命任务，把握训练重点，突出专业特色和作战需要；采取信息化手段，增加信息化要素，丰富军事基础训练；重视心理训练，提高心理适应能力和自我调节能力；等等。

第三节　信息化条件下军事基础训练的地位和作用

一、基于信息系统的体系作战对军人综合素质要求更高

机械化战争中，一个人的直接功能一般不会超过兵器的射界。基于信息系统的体系作战，每个作战单元都在系统的信息主导下，协调一致地行动，最大限度地凝聚作战能量，并根据需要精确、高效、有序地释放于战场，每个人都可能是信息链中的一个关节。个人的能量得到了放大，个人的作用更加重要，因此，体系作战对人员专业技能、信息和战术素养、作风纪律要求更高。美军总结近期几场高技术战争时反复强调：无论战争的模式如何演变，士兵和指挥员的本领、勇气、性格、纪律性、坚持力、创造力及意志力等精神因素总是起决定作用。其中很多内容正是军事基础训练的目标指向。

二、信息化条件下军事基础训练依然是军人职业训练的重要内容

精确是体系作战的基本要求，这对军人的全局意识、团队精神和纪律观念要求更高。因此，基本的技战术训练和意志训练仍是军人全面发展的基础。良好心理素质的养成过程是一个人克服困难、克服惰性、克服不良习惯的过程，需要外界和学员自身共同努力。对于心智和身体都发展很快的青年军人来说，外界环境更加重要，甚至需要一定的强制措施，这恰恰是军事基础训练的内涵所在，通过严组织、严要求、高标准、大强度，达到既练技能，又练作风的目的。因此，信息化条件下军事基础训练依然是军人职业训练的重要内容。

三、当前军事基础训练的重要作用日益突显

当前，各种社会思潮对年青军人思想观念、价值追求、行为方式影响较大。有些军人“临战”意识不强，缺乏随时准备打仗的紧迫感，有些军人“求战”意识不强，缺乏捍卫国家利益的责任感，有些军人“为战”意识不强，缺乏扎根军营，献身国防的使命感，甚至有些人与地方人员比收入、比享受，不安心本职，盲目追求物质利益。这些现象对部队军事训练构成冲击。这种情况下，加强军人职业素养训练，大力弘扬我军优良传统对于强化年青军人的精神支柱，激发积极上进的内在动力具有重要意义。对于年青军人来说，作风纪律养成是一个克服困难、克服惰性、克服不良习惯，甚至战胜自我的过程。这个目标的实现需要训练、管理、教育、保障等各个环节共同努力，通过各个方面对学员这个中心的“向心作用”，军人的好作风、部队的好传统会在潜移默化之中慢慢内化为军人的自觉行为。

第二章　队列训练的组织与实施

第一节　组训原则和要求

组训原则是根据训练的目的和训练过程的规律总结出来的，符合本科目教育规律的基本原则。队列组训，无论是在部队还是在院校，都是一项重要的训练科目，它具有时间短、内容多、训练方法特殊的特点。因此，队列组训既要符合一般规律，又要遵循其自身的特殊原则。

队列训练和其他学科相比，有哪些特殊性呢？其特殊性主要表现在队列训练不仅要使受教育者掌握一门基本的技能，而且要通过技能训练，来培养受训者威武的姿态、优良的作风和严格的纪律观念，以及令行禁止、服从命令、听从指挥的服从意识，并为其他科目的训练打下坚实的基础。队列训练的特殊性也是由《队列条令》本身所具有的规范性和强制性的特点所决定的。

所谓规范性，是指每一个队列动作都有明确的标准和要求，并且全军一致。所谓强制性，是指它是由军委主席以命令的形式颁布的。“条令条令，条条是令”，要求每一名军人，不论职位高低，不分兵种，不分男女，不分老幼，都必须无条件地严格执行，根本不存在能不能执行或变通执行的问题。根据队列训练的两个特性，在实施中就要制定出与其他学科不同的、符合其自身规律的组训原则和方法。

一、严格标准、精雕细刻

队列训练的标准只有一个，那就是全军实施的《队列条令》。只有按条令规定的标准，全军的队列动作才能做到统一和一致。对各级教练员来说，必须正确地领会条令精神，明确标准，严格执行，不能有任何违背和变通。例如齐步行进时，条令规定“向前摆臂时，肘部弯曲，小臂自然向里合”，就不能做成“向前摆臂时手臂伸直”。又如“立正”的手型，条令中规定“手指并拢自然微曲”，就不能做成“手指并拢自然伸直”，手指伸直就是违背条令。

“精雕细刻”就是在队列训练时，要求每一个细小的动作、身体的每一个部位都要做好。每个人由于长期养成的习惯动作不同，要统一到条令上来是不容易的，就必须从每一个人的每一动作开始练起。例如正步摆臂动作，要从手的形状、摆臂的路线、摆臂的速度、摆臂时用力的部位进行讲解和练习，不能只讲定位动作而忽略运动过程中的动作要求。只有对每一个细小的动作进行训练，才能达到好的训练效果，提高训练质量。

二、突出重点、精讲多练

由于《队列条令》涉及的内容较多，从单兵动作到阅兵动作，共有上百项内容，而且训练时间又非常有限，如果把训练时间和训练内容平摊，肯定不会有好的训练效果，所以训练要突出重点，不能搞“一刀切”。对一些日常生活中用得不多、容易掌握的动作，则不必占用过多的时间去进行训练。例如“脱、戴帽”“跨立”“移步”等，对这类简单的动作，教练员讲解示范后，让受训者在课下或训练结束前练几遍就可以了，不必占用更多的正课时间。相反，对一些常用的动作，就要多安排一些时间去进行训练。例如“立正”“停止间转法”“齐步”“正步”“跑步”“敬礼”等。特别是“立正”“三种步法”和“敬礼”动作，这是日常生活中用得较多的几个队列动作，对这些动作就要多安排时间，在训练方法上要多采用几种，在训练步骤上要多分上几步。因此，在队列训练中，教练员一定要分清主次、突出重点，合理安排训练内容和时间，只有突出了重点，才能达到预期的训练目的。

在队列训练中，除了要做到突出重点外，还应做到“精讲多练”。“精讲”是指教练员要在有限的时间内，把应讲的内容通过准确而精练的语言表达清楚。“精”就是内容要精，要突出重点，突出条令的精华部分，不要拖泥带水。在教学中，特别是在队列课教学中，大家都提倡“少而精”，提倡精讲。但是这里的“少”，决不是数量上的少，“精讲”也不等于少讲。关键是看教练员的讲课是否突出了重点，是否讲到了动作的“关键点”上，是否讲到了受训对象感到困惑的地方，是否给受训者以深刻的启迪。一句话，教练员要讲到点子上。这就要求教练员对条令进行认真学习和分析研究，并根据受训者的基础进行认真的提炼。“多练”是指教练员在讲清动作要领的基础上，采用多种训练方法，组织受训者进行练习，经过反复的练习，找到正确的感觉。“多练”并不是傻练，而是要巧练，如果不讲巧练，多练就不一定会收到好的训练效果。要求受训者在练的同时多动脑子，练一个动作要有一个动作的体会，在认真体会动作要领的情况下，通过多练来熟练地掌握动作要领。动作练习不同于其他内容的练习，队列训练主要是运用肢体思维，运用大脑思维则是次要的，用肢体思维的特点则是需要反复的肢体运动，来掌握一定的动作。对于一个动作，理解了、知道怎么做，并不等于能够做好这个动作。由此，队列课的组训过程就是受训者反复练习掌握动作的过程。动作掌握的好坏，则取决于在教练员的指导下，受训者刻苦练习这一过程上，因此要抓好“多练”这一环节。

三、因人施教、单个教练

“因人施教”是要求教练员从受训者实际情况出发，有针对性的组织教学。教练员应了解学员的基本情况和动作的基础，干部和士兵不一样、来自机关和基层的学员不一样、部队学员和地方学员不一样、新学员和老学员不一样。只有根据受训者的不同情况，才能确定讲授的重点和深浅程度，才能把握好教学的进度。例如，对干部学员就不能像对新战士一样抓基础动作为主，而应以队列指挥和教学法为主，单个动作为辅。又如，训练新兵就不能和训练老兵一样，训练老兵，有些动作没做到位时只要用口令加以提示，就能做好。而训练新兵，就要详细地、反复地进行讲解示范，手把手地一个动作一个动作的去教，只有反复练习反复纠正，他们才能真正掌握动作要领。

“单个教练”对于技能训练课目尤为重要，特别是队列课教学。动作教学不同于理论课教学，理论课主要是通过大脑的思维活动，来掌握科学知识。而队列动作教学则主要是进行身体的肢体思维，是通过肢体的反复练习来掌握动作要领的。由于人的生理素质、心理素质、动作的习惯和反映能力的不同，表现出来的动作也就不同，各自必然会反映出自己的特点，普遍的讲解和练习是掌握不了动作要领的。因此，教练员要根据受训者的不同情况，在普遍讲解动作要领和组织练习的基础上，再单个进行教练，逐个纠正动作。这样，才能使受训者较快地克服各自的痼癖动作，掌握动作要领，进而提高训练质量。

四、启发诱导、形象直观

“启发诱导”是要求教练员采取一切手段，调动受训者学习的主动性，引导他们积极主动地进行训练。在训练中，受训者是学习的主体，特别是技巧动作，主要靠受训者自己去练习，靠自己去找感觉，教练员是不能包办的。有人说，队列训练是“师傅领进门，修行在个人”，这句话从一个侧面反映出了队列训练的特点。为此，要调动受训者训练的积极性，变“要我练”为“我要练”。如果没有自觉的训练热情，是搞不好队列训练的，因为队列训练和其他技术动作训练相比显得单调而枯燥，一个动作要练习上百次甚至上千次、上万次。同时，队列训练也是一项比较艰苦的训练课目，不管是寒冷的冬天，还是炎热的夏天，没有一定的意志和毅力是练不好队列的。因此，要求教练员把训练的目的和意义讲清楚，使受训者在思想上高度重视，有了训练的内在动力，再苦再累也能坚持，否则就很难持久。教练员还要引导学员自我体会，诱导学员找自我感觉。有些动作可以编成大家容易记的顺口溜，来帮助掌握动作要领。例如，讲“齐步行进”时，可以用“脚跟先着地，脚腕稍用力，膝盖向后压，重心向前移”来诱导学员掌握动作要领。

“形象教学”是队列课教学的主要手段，教练员在讲解动作要领时，一定注意不能空背条令，要做到讲做结合。对于一个动作，应该怎么做，必须结合身体的具体部位，一边讲一边做。例如正步的踢腿动作，如果只讲条令，受训者就很难理解和掌握这个动作，这就要求教练员具体形象地从自身的大腿到小腿，从脚尖到脚掌讲给学员听，做给学员看，对于一些复杂的动作，可以做成多媒体课件进行教学，也可以利用摄像、放映设备，将动作放给大家看，只有这样，受训者才能够印象深、记得牢、掌握动作快。

五、循序渐进、分步细训

队列训练是一门较难掌握的训练课目，不经过刻苦、严格的反复训练，是不容易达到条令规定的标准的，也并不是像有人说的那样，光是抡胳膊甩大腿的简单体力劳动。队列训练是通过人的肢体思维才能完成的技巧训练，而人的肢体思维过程是一个由低级到高级，由简单到复杂的过程，是一个循序渐进的过程。训练时，要按照课目的逻辑系统和受训者技巧发展的顺序进行，也就是说要按照《队列条令》的体系来组织教学，不可破坏条令的体系而影响其完整性。教学中要注意教材前后的连贯和动作的衔接，尽量使新内容与已掌握的知识联系起来，逐步扩大和加深受训者的知识，最后达到受训者在技巧训练上合乎逻辑、正常发展的目的。例如，在单个军人队列动作中，如果不把“立正”这个最基础的动作做好，上体不正直，胸部挺不起来，到后面的步伐练习时上体就达不到条令规范要求。又如“行进间转法”，它包括“立正”“转法”“行进”三个动作，如果前面这三个动作做不好，“行进间转法”的动作无论如何也是不会做好的。

“分步细训”从整体上说，是指将整个《队列条令》分作几个单元，逐一进行教学。例如将单个军人的徒手动作作为一个单元，操枪动作作为一个单元，班队列动作作为一个单元，排以上分队动作和阅兵各作为一个单元，这样分单元进行训练可使学员更好地掌握各动作要领。对较为复杂的个别动作，也可以分为几步进行训练。例如“正步行进”，这是一个较难掌握的复杂动作，它是由“摆臂”“踢腿”“一步两动”“一步一动”等几个基础动作组合而成的，如果不把这其中的每一个基础动作做扎实，开始就练连贯动作，正步就走不好，训练的质量和效果就不明显。因此，就必须把那些较为复杂的动作分成几步进行训练，这样才能取得好的训练效果。

六、发扬民主、互帮互学

“民主教学”是进行启发式教学的重要条件。并且，军事民主也是我军的光荣传统。教学中，教练员要鼓励学员提出问题和建议，说出不同的见解。为此，教练员一方面要深入到学员中去，了解学员的思想和训练情况，根据受训者的意见，结合教学内容改进教学方法。另一方面，教练员要放下架子，虚心向受训者学习，以不断提高自己的教学水平。如果教练员做到了发扬民主，虚心听取受训者对训练中的建议，受训者就会心情舒畅，使训练场充满紧张、愉快、生动活泼的气氛，教学就能获得最佳效果。

“互帮互学”是队列训练最有效的方法之一，要把这种好的方法在训练中开展起来，让受训者自己纠正毛病，互相指出问题，用这种方法纠正动作的效果好。在训练中教练员还要善于发现和培养那些动作好、接受能力快的受训者做“小教员”，充分发挥他们的骨干作用，让他们去帮助那些动作差、进步慢的学员，这样就可以调动广大受训者的训练积极性，进而提高教学质量。

七、教管一致、注重养成

队列训练的目的，很重要的一条是通过训练来培养军人的良好姿态、严整的军容、优良的作风和严格的纪律性。教学中，教练员一定要把教学和管理紧密结合起来，做到既教书又育人，把教动作与培养良好的作风和严格的纪律结合起来。不仅要求受训者做好队列动作，而且让受训者知道，操场上的训练是为了平时的应用，并且要把所学的动作贯穿到日常生活中去，课上课下都要做好，使所学的队列动作变成自觉自愿的行动，这样才能达到队列训练的目的。

第二节　队列指挥

队列指挥是指挥员对队列人员和列队的部(分)队进行的调遣。凡是队列活动，必然要有队列指挥，在队列活动中，队列指挥起着十分重要的作用。常言道:“队列活动是三分看动作，七分看指挥。”这个比喻虽然不够确切，但是它反映了队列指挥在队列活动中的重要性。实践证明，指挥员指挥得当，才能保证队列人员在队列活动中做到整齐一致，才能很好地反映出部队的精神面貌和士气;指挥不当，队列活动就出现混乱，就会给人以作风松散，战斗力不强的不良印象。队列指挥在一定意义上讲，犹如乐队的指挥，指挥得好，乐队才能奏出协调的乐章和悦耳的音乐;相反，同样是一支乐曲，指挥不好，就可能各吹各的号，各弹各的调，这样就不可能获得听众的掌声。乐队需要好的指挥，队列活动和乐队一样，同样要有好的指挥，没有好的队列指挥员，即便是每个队列人员都熟练地掌握了各种队列动作的要领，也很难达到整齐一致。因此，队列指挥是队列活动的灵魂，是一个指挥员军事素质的外在体现。在某种程序上可以说，一个不懂得队列指挥和不会队列指挥的指挥员，不能称为一个合格的指挥。尤其在加强我军正规化建设的过程中，队列生活的正规与否，可以说是部队正规化水平高低的外在表现。因此，要保持一支部队整齐划一和严格正规的队列生活，除了队列人员的个人动作要符合条令要求以外，很重要的是要有合格的队列指挥员来指挥。所以，提高指挥员队列指挥的水平就显得尤为重要，队列指挥要做到以下几点。

一、姿态端正、精神振作、动作规范

指挥员自身的形象如何，动作是否标准，精神是否振奋，将直接影响着队列人员的动作和情绪。一个合格的队列指挥员，首先要有一个好的形象，要军容严整、举止端正、精神振作。其次，自身的队列动作要正规，符合条令的要求，这样才能给队列人员一种榜样，一种威严，一种力量；相反，如果指挥员衣帽不整、举止不端、无精打采、动作不符合要求，队列指挥必然达不到好的效果。

二、口令准确、清楚、洪亮

队列指挥员的口令，是对队列人员发出的命令，指挥员的口令代表着其自身的气质和素质。准确、清楚、洪亮的口令，能很好地调动队列人员的精神状态，能激发队列人员训练的热情。良好的指挥口令，能使队列动作整齐划一，如果指挥员的口令不好，就不能很好地将队列人员的精神状态调动到最佳。口令不准确或者是错误的口令，会给队列带来混乱，并且会直接影响队列人员的情绪。可以说，口令下达错了就是指挥错了。下达口令要做好以下三个方面。

(1)要将口令下达正确。例如在日常队列生活中，我们经常会听到有些指挥员下达这样的口令："面向我，成 xx 队形集合""齐步踏步——走""原地踏步——走"，又如纵队行进向左(右)变换方向时，下达"左(右)转弯"的口令。这些口令都是错误的，其中的"面向我"是多余的；踏步走时，"齐步踏步"和"原地踏步"是错误的，《队列条令》中没有这些口令。纵队行进变换方向时，应下"左(右)转弯——走"的口令。

(2)要吐字清楚。下口令不是讲话，也不是聊天，聊天可用乡音或土语，而下口令就必须用军语，用普通话下达，否则就不标准。下口令时要注意以下几点。

1)要很好地掌握发音部位，要很好地控制气息。下达短促口令时用胸音(胸膈膜音)；下达带拖音的口令要用腹音，也就是说要用小腹向上提气的丹田音，这样发出的口令就清晰，能使队列人员听得清楚。下口令时，一定要用胸音或者用腹音，不能用喉音，用喉音容易使喉咙沙哑，队列人员也听不清楚。

2)要掌握好音节。下达口令要有节拍，预令、动令和微歇要有明显的节奏，使队列人员能够听得清晰。

3)要注意音色。下达口令一般起音要低，由低向高拔音，最后一个字通常为动令，声音要高于其他音，音量不能平均分配。

4)要突出主音。下达口令时，把重点字的音量加大。例如"向后——转"要突出"后"字，"向前 xx 步——走"要突出数字。

5)呼号时要有节奏。"呼号"一方面是为了调整步伐的节奏，使队列人员走在一个点上，以达到队列整齐的目的；一方面是为了鼓舞部队的士气，惊天动地的呼号声，能给人以振奋，能反映我们人民军队不可战胜的英雄气概。在呼号时注意放开喉咙，要和步伐的节奏合拍，不能随意拖音或者是对不上节拍。另一方面，指挥员不能随意去呼《队列条令》中规定以外的呼号。例如"一一二二三三四"等。指挥员更不能将调整步伐的"一二一"和呼号"一二三四"连起来呼。例如"一二一二三四"，这样就省去了一个"一"，显然是错误的。我们还经常听到有的同志下达："请稍息""请入列""请坐下"等这些不规范、不准确的口令。训练场连着战场，需要的是严肃的气氛、严肃的言词。加上"请"字，就没有了"命令"的意识，削弱了"命令"的权威性。因此，指挥员下口令一定要规范、准确，克服随意性，要纠正那些不符合条令规定的错误口令。

(3)下达口令声音要洪亮。为了使下达的口令具有一定的感召力，达到调动情绪、鼓舞士气、振奋军威的效果，在口令的表达上力求声情并茂，以声传神。例如，在诸多的口令中，使用频度较高的“立正”，这两个字在表达上要喊得突然，有爆发力，中间不拖音、不停顿，使人有肌肉绷紧，汗毛竖立的感觉。声音长短应视队伍大小而定，一个班，短促点，像摔了个玻璃杯；一个连，口令就要长些，如敲了一下锣，有点尾音；面对一个团，就得放开嗓子，犹如在队伍上空响一声炸雷，“正”字适当稍长，尾音要平，既不上挑，也不下滑，收尾时要干净，不拖泥带水。

三、指挥位置正确

正确的指挥位置是对队列指挥员的最基本要求，是指挥员指挥好队列动作的前提。规范的指挥位置，是一个队列指挥员军事素质的具体体现。规范的自身队列动作、规范的指挥口令和指挥位置，才能给人以美的感受，才能达到队列应起到的作用和目的。关于队列指挥的位置，《队列条令》中已有明确的规定，我们每位指挥员都应严格地执行。

《队列条令》第六条规定:“队列指挥位置应当便于指挥和通视全体。通常是:停止间，在队列中央前；行进间，纵队时在左侧中央前，必要时在中央前；横队、并列纵队时在左侧前或者左侧，必要时在右侧前(右侧)或者左(右)侧后。”这一条规定，明确了在选择指挥位置时，应遵循两条基本原则:第一条原则是队列指挥的位置应当选择便于指挥全体同志，想在什么位置就在什么位置，这是错误的。第二条原则是队列在停止间和行进间的指挥位置，条令分为两种情况做了规定。一种情况是在通常情况下应当在什么位置，另一种情况是必要时在什么位置。条令规定，无论是纵队或横队，停止间指挥位置通常在队列中央前便于指挥的位置。排以下横队时，指挥员与队列前列两端成等腰三角形，一般情况下，指挥员距第一列为 5～7 步。连横队时，指挥员距第一列为 9～11 步为宜。

四、请点人数、检查着装

每次列队后。指挥员都要认真表点人数和严格检查着装，这对列指挥员来讲，是他的一条职责，部队的队列训练和执行任务，都必须要队列整齐，任何活动指挥员都要熟知队列中的人员数量情况，并要认真检查着装是否符合规定，执行任务时应带的装备、装具是否齐全。携带枪支时，应认真组织验枪。

五、严格要求，认真维护队列纪律

凡是队列活动，都是军人的集体活动。严格正规的队列生活，是培养部队优良作风和组织纪律性的重要途径。因此，队列指挥员必须严格要求，认真维护队列纪律。队列指挥员要求队列人员做到:坚决执行命令，做到令行禁止；军容严整，姿态端正；任何时候都要精神振作，严肃认真；按规定的位置列队，要集中精力听从指挥；动作要迅速、准确，全体人员要协调一致；时刻保持队列的整齐，出、人列要报告。

第三节　队列教学方法

队列教学方法是队列教学中学习和掌握队列动作的根本途径和手段。队列动作教学的方法，通常包括以下程序和内容。

一、指挥位置上的工作

指挥位置上的工作是队列动作课教学和队列动作训练时不可缺少的一项内容，这项工作做得好坏，将直接影响教学和训练的效果。可以说，它是教学及训练的准备和动员，每个教练员和队列指挥员都应对此项工作十分熟悉。

指挥位置上的工作包括以下内容：

(1)组织分队整齐、报数、清点人数、整理着装、验枪(带枪时)，必要时向在场的首长报告。

(2)宣布教学提要，内容包括课目、内容、目的、时间、方法、场地、要求。

二、理论提示

理论提示主要是提示本课目教学的重点，也可以提示前课所学的内容，以检查受训者对有关理论熟悉程度。

三、讲解示范

讲解示范是队列动作课教学中最常用、教学效果最好、最直观的一种方法。

讲解示范常用以下几种方法：

(1)先讲解后示范，即先讲解理论和动作要领，后做示范动作。

(2)先示范后讲解，即先做示范动作，后讲解动作要领。

(3)边讲解边示范，即教练员讲一个动作做一个动作，讲到哪做到哪。

四、组织练习

组织练习是掌握技巧动作要领的最根本途径和必须的方法，不管任何一门技艺动作，要想熟练地掌握它，就必须经过严格的练习才能达到规定的标准和要求。因此，讲解示范以后，应马上组织练习，练习的时间越长，训练的效果越好。但是，光有训练时间，不讲训练方法也是不能取得好的效果的。用科学的方法进行训练，受训者掌握动作要领就快。反之，就会浪费时间，甚至还会走弯路。所以，我们要重视对练习方法的研究，以达到最佳的训练效果。

最常用的训练方法：①体会练习；②模仿练习；③分解练习；④互助练习；⑤小组练习；⑥分班练习；⑦集体练习；⑧单个教练；⑨评比竞赛。

队列训练组织练习的方法很多，不管采用哪种方法，采用什么方式，一定要根据受训者的基础、情绪和接受能力的快慢而灵活运用，切不可生搬硬套，要以注重提高训练质量为目的。

五、纠正动作

任何技术动作训练，纠正动作都是非常重要的，队列训练更是如此。纠正受训者的错误动作，是教练员自始至终都不可忽视的一个重要问题。教练员能及时、准确地纠正受训者训练中的错误动作和不足，是提高训练质量的重要环节。因此，我们应对纠正动作的方法进行认真的学习和探讨。

纠正动作时，最常用的方法有以下几种：

(1)口令纠正。即教练员用自己的口令来纠正受训者的错误动作，这是队列训练最基本的纠正动作的方法。例如“第 3 名，收下颌”“第 2 名，小臂稍向里合”等。

（2）口令加手势纠正。即教练员用简练准确的语言，并配合必要的手势纠正动作。例如摆臂练习时，“第 4 名，右小臂上抬，好！”等。

（3）对比纠正。即教练员先做正确的动作，而后模仿受训者的错误动作，并加以比较，同时指出问题的根源。使受训者既能看到正确动作的示范，又能看到自己不足之处和问题的根源，同时使受训者自觉地在对比中得到改正。

（4）器材纠正。即用辅助器材配合纠正受训者的错误动作，用器材限制动作的方向、路线、位置和速度，以达到正确掌握动作要领的目的。

（5）录像纠正。用摄像机将训练场上的动作录下来，再让受训者观看录像，使受训者以局外人的身份来观看自己的动作，找出自己的不足。

（6）分解纠正。当练习的难度大，受训者顾此失彼，不太协调时，教练员可视情况将动作分解成几个小部分，化繁为简，一动一动地纠正，最后再将几个小部分串联起来练习。

在队列训练中，教练员纠正动作的方法有很多种。但是，在纠正动作时，教练员还应该注意以下几个问题：

（1）对症下药，有的放矢。也就是说教练员要看准毛病的根源，针对存在的问题再决定采取什么方法，这样才能收到好的效果，达到预期目的。因此，要求教练员必须有较高的业务水平和教学技艺，要善于观察和及时发现受训者存在的错误动作和错误根源。如果发现多数学员有共同的错误动作时，要停止操练，及时进行纠正。

（2）抓住主要矛盾。一个人有时会同时出现几个错误，教练员不可能同时纠正，如果把所有的问题同时指出来，受训者一是不好接受，二是会失去信心，不可能收到好的训练效果。因此要抓住主要矛盾，只有抓住关键性的主要错误，才能解决其他问题，纠正时要分清先后，先纠正关键性的动作，后纠正一般性的动作，让受训者一个一个地去克服。

（3）教练员在纠正动作时，要耐心细致，说明原因，讲清道理，热情帮助。使受训者感到既严格又亲切，这样可以激发其改正错误动作的意愿和信心。教练员在模仿受训者的错误动作时，切不可夸大和丑化，一定要恰到好处，让受训者乐意接受。切不可当众讽刺挖苦，特别是对那些反应慢、接受能力差的学员，更应注意纠正动作的方法。切不可用过激的言行和方法，以免挫伤受训者的积极性。

六、课终讲评

课终讲评是队列训练的最后一个内容，更是队列教学法中的重要内容。讲评的目的是肯定训练的成绩，指出训练中的不足，提出课后复习要求。好的课终讲评可消除训练带来的疲劳，鼓舞士气，提高课后练习的积极性。

课终讲评通常包括以下内容：

（1）重述课目、内容、目的。

（2）评价训练效果，表扬好的方面和好人好事。

（3）指出训练中存在的问题和克服的方法以及今后努力的方向。

（4）预告下次授课的内容、地点，应携带的器材、物品和课后复习、预习的内容等。

第四节　队列会操的组织与实施

队列会操的目的是检验所属各单位队列训练的效果和日常养成情况，互相观摩，互相学习。通过会操，来调动各单位的训练积极性，促进队列训练水平的提高。队列会操的时机和规模可因情况而定，小型会操的时间、人员、方式可灵活多样。在队列训练过程中，每个训练课目的结束，以及每天训练结束前，都应组织小型会操，以检验本课目或当日的训练效果，找出训练中的不足和存在的问题。教练员应根据会操情况进一步研究和改进训练的方法，提出下次训练和课后复习的要求。一个部队组织所属部（分）队进行的队列会操，通常在所有队列训练课目结束以后，或者在半年、年终进行。院校的会操由军务部门组织，通常是在每年的放假前进行。

一、会操的组织准备

组织会操，准备工作一定要严密、细致。通常应包括以下内容：

(1)研究并下达会操任务。主要明确参加会操的单位、会操的内容、会操的目的以及会操的时间、地点、方式和各单位列队位置等。

(2)组成评判组和制定评分细则。组织有关人员组成成绩评判组，并依据《队列条令》制定出评分细则（必要时可将细则内容提前通报给所属各单位）。

(3)培训评判人员。所有评判人员都要熟悉会操的内容、动作的先后顺序和评分细则，并对每个评判人员进行分工，明确各自的职责和评判员之间的协作方法。为使会操评判的标准尺度相对公平合理，在人员充裕的情况下，分工可细一些。例如对单兵动作，可规定每人看一个部位，这样掌握尺度相对而言差别就不大。如果是对班以上课目的会操，可分为指挥员组（专门对指挥员的口令、下达口令的时机、指挥位置、变换指挥位置的路线及动作进行评判）、分队组（专门对分队动作的协调性、整齐性、动作的准确性、队列纪律以及精神面貌进行评判）。

(4)准备好场地和器材。会操前应准备好场地和评判人员需用的秒表、米尺、摄像设备、录音设备等。

二、会操开始前的工作

会操前，会操组织者应接受各单位的报告，调整队伍，清查人数，整理着装、装具，向在场的首长报告应到、实到会操人数，并请示是否开始。请示完毕并接受指示后，在队前宣布作业提要（包括课目、目的、会操内容、方法、先后顺序、带入带出的路线和要求等），而后令第一个单位出列做动作（先后顺序可按编制序列或者抽签决定）。

三、会操实施

参加会操的单位将部队带入场地上立定后（指挥员先变换指挥位置，而后再令部队向左转，整齐队伍、报数，着装整齐时可不需整理着装），指挥员向会操组织者报告并请示开始。接受指示后，跑步到队列前宣布课目（如果参加单位较多，或者组织者规定不做此项内容时，可直接组织部队做动作），并按规定的内容做动作。

操练完毕后，指挥员整理队伍向会操组织者报告，请示是否带回。经同意后，将所属人员跑步带回原列队位置(带回时,指挥员行进到排头,面部朝向与队列人员一致,而后下口令和队列人员一致转向新方向)。当前一个单位带回的同时,会操组织者令第二个单位跑步入场,依次类推。

操练结束后,评判人员应立即综合成绩并向会操组织者报告。

四、会操讲评

会操结束后,通常应及时对会操情况进行讲评。讲评通常包括以下内容:

(1)简要说明会操内容及目的达到情况,对整体做出实事求是的评价。

(2)表扬好的单位,指出取得的成绩和不足(必要时可当场公布名次和成绩)。

(3)讲评各单位的队列纪律、作风情况。

(4)对今后的队列训练提出要求。

讲评完毕后,会操组织者向在场的首长报告,请首长作指示,而后令各单位按先后顺序跑步带回。

五、会操的要求

队列会操,对组织和参与者来说要做到目的明确,指导思想正确。只有用正确的思想来组织和参加会操,才能真正起到互相学习、你追我赶、积极上进的目的,促进队列训练水平的提高。如果指导思想不正确,目的不明确,就会出现弄虚作假、互不服气的现象,就看不到别人的长处,不能正确认识自己的不足,结果将必然影响会操效果,达不到提高训练质量的目的。因此要求:

(1)各单位在参加会操时,必须按上级的要求,不能为争好名次而拼凑班子。班或排以上单位参加会操时,要严格按建制进行(或规定参加人数)。

(2)不能为了达到某种整齐和好看,离开或者偏离《队列条令》的标准,去另行规定一些不符合条令规定的动作。

(3)评判人员要公正、公平、认真,不能带任何偏见,不给“印象分”“照顾分”“随意分”,要实事求是地评判每一个单位和每一个动作。

总之,要通过会操起到激励先进、鞭策后进、提高队列训练质量的目的。

第五节　阅兵训练的组织与实施

阅兵训练是队列训练的最高阶段,是对部队思想、作风、纪律和队列训练水平的全面检验。阅兵训练是一项大的系统工程,在开训前,应先对所有教练员进行培训,认真学习和把握阅兵动作标准和规定,采取“示教作业”和“示范作业”等方法,使所有教练员都能熟练地掌握“讲解示范、组织练习、纠正动作”的方法,都要达到优秀“四会教练员”的标准。在单兵基础训练阶段,要很好地运用讲解示范、个人体会、二人互教、分组练习、分班练习、集体统习、观摩会操、考核等方法,确实打牢基础。训练中要灵活地运用各种辅助器材纠正动作,例如角度尺、摆臂架、十字板、“T”型板、线绳、米尺、摄像机、录音机等器材。根据阅兵训练的实践,应把握以下训练步骤和训练方法。

一、队列基础训练

单兵的基础动作训练，是受阅训练中最关键的一步，没有单兵动作的基础，以后的任何动作都是练不好的。所以，在单兵基础动作训练阶段，要严格把握好动作标准，标准把握不好，练得越扎实走的弯路越大，将来就越难纠正。因此，在训练前，各级教练员和每名受阅队员都要对动作标准进行研究、理解、消化。在弄清动作标准的基础上再严扣细训，并对每一个细小动作精雕细刻。

(一)始终抓好军姿训练

军姿训练是受阅训练的第一个动作，也是整个训练过程中自始至终最为重要的一个训练内容。以后的每一个动作，都是在良好端正的军人姿态前提下完成的。纵观整个受阅过程，可以看出军姿的重要性。阅兵式时，没有挺拔的军姿，军人的气质就体现不出来，横线、纵线、斜线就不分明。分列式过程中，没有挺拔的军姿，就没有勇往直前的气势，就不能做到方队的稳固，不能保持方队横线齐、斜线齐和纵线齐。

军姿训练时，一是要抓好停止间的动作。教练员在组织训练时，要逐个地反复对每名队员进行检查，不能有任何一个细小动作不符合标准。军姿训练的时间要长，使每名队员都能把以往的痼癖动作纠正掉，达到任何时候只要站立就符合标准。在正确掌握动作要领的基础上，要注意不断加大站立的时间。二是要抓好行进中的军姿。在步伐练习时，教练员要时刻提醒队员，做到挺胸、挺颈，头要正直向上顶，腰要挺直。三是抓好平时的军姿养成。使大家养成好的习惯，做到场上场下一个样，教练员要及时发现和纠正队员的不良军姿，使每名队员做到站就有军人的气质，坐就有军人的形象，动就有军人的威风。四是练好眼功。眼功练习不可忽视，眼睛是心灵的窗口，眼光无神就表现不出军人威武精神的气质和气势，眼功练习要达到两眼睁大而有神，风吹不眨，沙打不眯，做到 40 秒钟不眨眼。眼功练习不光是军姿的需要，而且排面的标齐、纵队的对正、定位等都需要眼睛的功夫来保证。

(二)抓好步幅、步速和行进方向的训练

在基础动作训练阶段，要抓好单兵步幅、步速和行进方向的训练。步幅在排面训练以及方队合成训练中特别重要，没有标准的步幅，就没有整齐的排面。每个人的每一步做不到 75 厘米，步子大的就突出，步子小的就落后，步子忽大忽小就会使排面产生波动，容易产生尾部的摆动，只有在每人步幅准确的情况下，才能使排面保持整齐。排面中个别人出现突出或落后时，可进行微调，一般情况下应在 3～5 步内调整好，切不可一步赶上或者一步退下。每名队员一定要明白一个道理，排面的整齐主要是靠准确的步幅来保证的，没有步幅的准确就没有排面的整齐，单靠眼睛的余光是不可能标齐排面的。

在单兵基础训练阶段，要控制好行进的步速，宁慢勿快。步伐练习的初始阶段，以掌握动作要领为主要目的，步速快了不利于动作的定型、定位，在动作还不定型的情况下，步速过快会导致动作的变形，步速快了就没有力度。动作的力度和耐力只有经过长期训练才能达到，不是一朝一夕就能解决的，只有经过单排面训练和方队的合练，才能达到规定的步速。在基础训练阶段，齐步或正步开始时可先做慢动作，再从 3 步、5 步开始练，由近到远。到单兵动作结束时，齐步尽可能控制在每分钟 112～114 步，不能超过 114 步。单兵正步练习时，每分钟 90 步

左右较合适，不能超过108步。步速练习要由慢到快，经过单兵动作练习、单排面动作练习、多排面练习和方队合成练习几个阶段，最后才能达到按标准步速行进。

把握好行进的方向，也是单兵动作的难点。特别是在齐步动作练习时，一定要注意纠正队员的“八”字脚，强调行进时两脚的内侧走在一条直线上，开始训练时，要选好行进方向，并且要在地上画纵线，行进时脚的内侧踩在线上，进行踩线练习。动作定型后，再离线练习。方向练习也要和步法练习一样，由近到远、边走边停，逐步增大行进的距离。如果把握不准行进的方向，在排面练习和纵队练习时，就会出现左右拥挤，影响左右的间隔，后面的同志就无法向前对正，特别是正步行进向右转头45°时，更容易产生偏差，就会影响纵线和斜线的整齐。

（三）强调动作的力度、节奏、协调

动作力度的大小是气势的直接反映。力度大，方队就能走出军人势不可挡的气势。单兵基础动作训练阶段，在队员基本掌握动作要领之后，教练员要注意队员动作的力度。齐步行进时，在自然、协调的基础上，要强调出脚和摆臂的力度，脚向前迈出时，脚尖要稍向上翘（不超过1厘米），摆臂时拇指和食指接触点的肌肉要稍用力。正步行进时更要强调踢腿、摆臂的力度（踢腿时，力量要由大腿到小腿再到脚；摆臂时，手指和手腕的肌肉要紧，适当用力），要求手臂前后摆动要有力，如果没有力度，行进起来就没有气势，最佳效果就展现不出来。因此，从单兵动作开始，就要强调动作有力，每一次的踢腿摆臂都要强调动作有力，特别是正步踢腿动作要有爆发力。在强调动作力度的同时，还要注意该放松的部位要放松，该用力的部位要用力。例如正步摆臂时，两手和腕部要用力，肩关节要适当放松。要纠正那种为了脚着地有力，故意抬高踢腿高度的作法。踢腿过低或过高有以下缺点：①不符合标准要求；②找不到正确动作的感觉，容易形成有力时踢腿就高，无力时踢腿就低，动作不能尽快定型。在注意动作力度的前提下，要注意加强队员的耐力训练。正步行进的距离要逐步加大，确实做到正步行进200米力度不减，动作不变形。教练员抓队员的动作力度和耐力训练时，要注意动作的规范性，在巩固单兵动作的基础上，加强力度和耐力训练。

在基础训练阶段，只注意动作的规范、力度和耐力是不够的，还应注意动作的节奏。这就和演奏乐曲一样，再好的乐师，演奏时如果没有节奏，再好的乐曲听众也是不欢迎的。在步法练习时，一定要有节奏，不能够有力时就快，无力时就慢。在做转法、步法、敬礼转头等动作时，快慢一定要有节奏，不能拖泥带水。在练习步法时，快慢要均匀，不能忽快忽慢，要始终按规定的步速行进。

在单兵基础训练阶段，还应抓好动作的协调性。协调性是指上体和下体的协调，头和身体的协调，以及腿臂的协调。在练习“三个第一步”时，注意前后动作的协调性，换步要自然，齐步行进时要求做到手臂和脚的协调，强调脚着地时，两手在前后要定位。正步行进时，强调踢腿的同时摆臂，脚踢到前面距地面25厘米高度和手摆到胸部要同时定位。

二、单排面训练

单排面训练是在单兵基础动作练到一定程度，大部分队员基本上掌握了单兵动作的基础上进行的训练内容，它是多排面和方队合成训练的基础。教练员在组织单兵训练时，为了搞好过渡，要注意强调排面意识，让每名队员都认识到自己在排面中的地位和作用，提前进入角色，有合作的意识。在抓单排面训练过程中每个队员和教练员也不能忽视单兵动作，对单兵动作

不过关的要在练排面的同时练单兵动作，动作较好的，教练员要经常提醒注意保持。在时间安排上要注意，一天要抽出一定的时间练单兵动作。单排面训练以“齐”为根本目的，通过单排面训练要求达到“五线”“三等”，即帽线齐、头线齐、胸线齐、臂线（枪刺线）齐、脚线齐；等步幅、等速度、等间隔。

单排面训练包括以下几项训练内容。

（一）单排面训练内容

单排面整齐训练是在排面人员基本定位的情况下所进行的训练科目。训练时应注意以下几点。

（1）严格规定人员之间的间隔。我们在日常的队列训练和队列生活中，应严格按《队列条令》的规定执行，人与人两肘之间保持 10 厘米的间隔。而受阅训练是特殊情况下的队列训练，标准以及各方面要求比平时严得多。为了使间隔、距离更加准确，量取间隔时就要以人体的中心线为准，各方队可根据本方队人员身体体型情况来确定。例如，干部方队的人员间隔就比战士之间间隔大，战士比干部体型相对要瘦；端枪方队人员之间的间隔和挂枪方队又不同；男队员和女队员之间的间隔也不同。规定间隔时一定要适度，间隔规定过大就显得排面松散，间隔规定过小就容易互相碰撞，影响做动作。间隔规定后，在地面上画上线，让队员站在线上反复体会保持间隔的要领，直到找到感觉为止。在练习整齐时，还要及时用尺子量，发现误差要及时纠正。

（2）身体站立的方向要正，身体要保持正直，军姿要好，向右转头时要迅速、正直、不低头、不仰头。

（3）队列人员的帽檐线、头线、胸线、腰带线、脚线要齐。

（4）携枪时，枪刺线、枪口线、弹匣线要齐。

停止间单排面整齐可采取以下方法进行训练。

（1）“站线法”。训练时，首先在地面上画出每名队员的站立点，每个点用“T”型或“V”型符号表示。让队员的脚尖和符号的前沿取齐，脚跟和符号的竖线对正，在脚尖齐的情况下再向右看齐。然后，拉线检查帽檐线、头线、胸线、腰带线，在拉线标齐的情况下熟悉标齐时的景况。用“站线法”反复练习，直至找到标齐的感觉为止。

（2）“离线标齐法”。即在站线、拉线标齐的基础上，首先让基准兵向前或退后几步走，调整好基准兵的动作后，再下“向右看——齐”的口令，然后拉线矫正。

（3）“正误对比法”。训练时，在排面标齐的情况下，让受阅队员交替前出或后退，使其真正认识到什么是正确景况，什么是错误景况。

这样反复进行练习，就能在较短的时间内掌握停止间看齐的动作要领。要领基本掌握之后，还应在每天的训练前先进行一定时间的停止间整齐训练，让队员增强整齐意识并熟记动作要领，为行进间的排面整齐打下基础。当队员们基本掌握了停止间整齐的动作要领之后，即可进行行进间的整齐训练。

行进间单排面整齐训练可采取以下方法。

（1）“逐个挂钩法”。采取 1 带 3，3 带 5，5 带 7 逐次增加人员的方法进行训练，直至挂满排面为止。

（2）“小排面训练法”。首先将整个排面分成 4 段，每段 6～7 人，然后在小排面练习整齐的情况下，将小排面合并进行练习，最后整排面练习。

(3)"排面巡诊法"。在训练中及时发现影响排面整齐的重点人，采取抽出、帮训、放入、检验的方法进行强化训练。

(4)"过三关法"。即识乐关、踩乐关和耐力关。在单排面训练的最后阶段，要求每名队员都要熟悉音乐的轻重音，在行进中跟着节拍走，左脚踩重拍，右脚踩轻拍，使步伐和音乐融为一体，协调一致。耐力关要求队员在持久的训练中军姿不变，始终按规定的动作要领走，身体不能放松，胸部要向前上挺，腰部要挺直，头向上顶，前后摆臂到位。

(5)拉线法。即在行进时拉上绳子，拉线员和队员同步行进，使排面队员的胸部和线贴紧，使排面保持行进中的整齐，让大家熟悉行进中余光标齐时的景况。行进间排面练习时，开始可在地面上画上每名队员的行进路线，强调两脚内侧走直线，练习排面标齐对保持行进方向和左右间隔。

单排面的整齐训练，上体整体一致和摆臂的前后定位是重点，训练中要牢牢抓住这两个重点。教练员和队员一定明确，排面的整齐主要靠步幅和步速来控制，余光标齐只是辅助手段，没有步幅、步速的准确和整齐，只靠余光看齐是绝对走不齐的。因此，在单排面整齐训练时，要时刻抓住步幅和步速这个重点不放，只有不断提高队员步幅和步速的准确性，排面整齐训练才能上一个新的台阶，才能尽快地达到头线齐、胸线齐、枪刺线齐、脚线齐和臂线齐。

(二)单排面阅兵式敬礼

单排面阅兵式敬礼动作，是在单兵阅兵敬礼动作的基础上进行的。要求身体保持立正姿势，听到动令后，迅速向右转头45°(持81式自动步枪、半自动步枪时，转头定位和双手举枪要同时到位，枪身要保持垂直、稳固)，全排面人员、枪身、枪刺要整齐一致，不能抢口令，也不能转头慢。要把握好转头的角度，做到摆头一次到位、定型。转头时身体不动，头正直向右转，不得低头、仰头，黑眼球要位于眼睛中央，注视阅兵首长，不得斜视，并保持40秒不眨眼，面部表情要自然。头要随着首长的行进速度向左转动，当转到45°时，自然停止。回答首长问话时，声音要洪亮，吐字清晰有节拍，声音要由低向高。听到"礼毕"的口令后，迅速将头转正(行举枪礼时，转头、放枪要一致)。阅兵式敬礼动作要用专门的时间进行练习。练习时教练员要逐个纠正动作，纠正时要细致，确实做到转头一致，答词一致。

(三)单排面停止间方向变换

单排面方向变换是阅兵式结束后调整为分列式队形时的动作。虽然是一个过渡性动作，但必须做到排面整齐。尤其对于第一排面而言，显得非常重要。第一排面转得整齐与否将直接影响到后续各列的整齐度，第一列不仅要做到排面整齐，而且还要保持好左右间隔，转动时，要成关门式向右转90°。从第二列到最后一列训练的难度更大，它和第一列不同，第一列是基准兵原地踏步，整个排面是向左前移动，而从第二列开始，不光是排面的方向变换，而且要边转方向边向左前移动，越靠后的排面，向左前变换的距离越大，难度和第一列相比，就大得多。在方队合练时，后面的队员一定要向前面的队员对正，取好和前面队员的距离，保持好间隔，保持好排面。练习时，各列可先在地面上画上行进的孤线和步幅线，外翼步幅大(不超过5厘米)，里面步幅小，每个人都踩线进行练习，学会用两眼的余光向左标齐，向右靠拢。踩线练习时，开始可拉上绳子，进行贴线练习，当练到一定程度，队员基本掌握要领后，再离线进行训练。提、托枪行进时，要保持枪身的稳固，使枪身、枪刺保持整齐。

(四)单排面分列式敬礼

单排面分列式敬礼动作是方队分列式的核心内容，是分列式中最精彩的动作。开始训练时可将排面分成几段进行练习，分段练习时可先做慢动作，后做连贯动作。当练到一定程度，基本上能做到小排面整齐时，再逐步合成一个完整的排面进行训练。整排面训练也要先慢后快，先分解动作后连贯动作。齐步行进时，当听到"分解动作，向右——看"的口令后，队员需呼"一、二"，呼号时不能抢拍，也不能拖长或拖不够节拍，抢拍或拖不够拍就容易走快，呼号越长就容易走慢，呼号要确实与步速相一致，每个字要走两步，并且声音要洪亮、有力。呼完"一、二"后，左腿向前踢出，两臂前后摆到位不动。此时检查踢腿的高度，摆臂的位置，脚线、头线、管线是否整齐以及上体动作是否符合标准。在第一动练习整齐的基础上，指挥员下"二"的口令。听到口令后，上体前倾，重心前移，左脚用力着地的同时向右转头 45°。此时，右脚前跟在左脚跟后三分之一处。队伍停止后，教练员再检查步幅的大小，脚掌是否正直着地，脚尖的方向是否正，脚尖是否在一条线上，上体是否正直，转头的动作是否整齐一致，转头的角度是否准确，黑眼球是否居中，头线是否整齐，队员的间隔是否正确。当这个动作练到基本整齐时，再下"前进"的口令。正步行进几步后，指挥员再下"向前——看"的口令。队员听到口令后，呼"一、二"，而后左脚再向前踢一步在脚着地的同时将头转正。排面停下后，教练员再检查队员转头角度是否准确，是否整齐一致，以及左右间隔、行进方向等。当再听到"前进"的口令后，右脚再向前踢正步，再从左脚开始按齐步行进。在分解动作的基础上再进行连贯动作练习，直到整个排面动作整齐一致为止。

持 81 式自动步枪由提枪换端枪时，第一步左脚着地、右手推枪和左手接枪要同时到位，枪刺尖要整齐一致，弹匣要在一条直线上；右脚向前踢出着地时，右手移握枪颈要到位；左脚再向前踢出着地的同时，两手协力将枪导向前，同时头向右转 45°，此时右肘向右挥，右手拇指紧抠腰带，左臂微屈，左手虎口向右，枪面要正，枪刺在一条水平线上，枪刺尖要齐。持半自动步枪托枪换端枪时，第一步左脚踢出着地和右手下压枪托、左手接枪要同时到位，枪托、枪刺线要在一条水平线上；右脚踢出着地和右手移握枪颈要同时到位；左脚再向前踢出着地时，两手协力将枪导向前，同时向右转头 45°，此时右肘向右撑，右手拇指紧扣腰带，左臂伸直，左手虎口向右，枪和枪刺要在一条水平线上。

(五)抓好单排面的"三个第一步"

单排面动作练习完以后，就要进行全过程的分列式训练，在训练前首先要进行"三个第一步"训练。"三个第一步"，即踏步换齐步的第一步、齐步换正步的第一步和正步换齐步的第一步。在单兵训练阶段有些内容已经进行了训练，但在排面练习中它们仍然是个重点，要用一定的时间来组织训练。

1. 踏步换齐步

没有整齐、规范的踏步，就不可能走好齐步。因此，踏步时要求脚抬起的高度要一致，脚尖距地面 15 厘米，上体要正直，头、胸、前后臂、脚尖要在一条线上。听到"前进"的口令后，呼"一、二"时，要声音洪亮，整齐一致，节奏要和乐点相一致。出脚换齐步时，一定要齐，脚跟要同时着地，右臂在前，左臂在后，臂要摆在一条线上，步速要稳，上体要挺拔。踏步换齐步后，步伐要稳健，乐点要踩好。

2. 齐步换正步

当听到“向右——看”的口令后，呼“一、二”的声音要洪亮，呼号要一致，呼号和音乐节奏要同步，不拖不抢。正步走第一步时，左脚向前用力踢出，脚掌距地面25厘米，排面脚尖线要齐，前臂摆动要快，排面的臂线要齐，后臂摆到位，外摆的角度合适，手腕前侧距裤缝线确实达到3厘米，并保证手腕在一条线上。后臂的线齐是步法训练中的难点，训练的难度比前臂大得多，前臂用眼睛的余光可以看到，而后臂全靠个人的感觉，后臂线摆不齐一是影响美观，二是影响步速。各级教练员开始训练时就要抓紧抓好。正步第一步时脚要适当用力，第一步一定要将乐点踩死，在左脚着地的同时(持81式自动步枪时，右手将枪向前推出的同时左手握枪；持半自动步枪时，右手下压枪托，右臂伸直的同时左手接枪)，全排面要一致向右转头45°。教练员要注意纠正队员们脚着地时脚尖的方向、步幅的大小以及左右间隔。实践证明，齐步换正步时，往往第一步走不正方向，左右间隔忽大忽小。遇到这种情况时，教练员要及时进行纠正，以免形成痼癖毛病。第一步全排面一定要走齐，排面要走在一个点上，要一步定音，三步内定好节奏。开始时不放乐，不要走得太快，距离不要走得太远。最好是先练分解动作，后练连贯动作，步速先慢后快，行进距离先近后远。

3. 正步换齐步

正步行进中，听到“向前——看”的口令后，呼号“一、二”要整齐一致，左脚再向前着地的同时，头转向前，动作要整齐、协调，而后右脚再向前踢出一步，从左脚换齐步(持81式自动步枪时，由端枪换提枪；持半自动步枪时，由端枪换托枪)。换齐步行进时，摆臂要自然，上体要挺拔、不松，头要上顶，排面整齐。

总之，“三个第一步”训练不可忽视，如果三个步法变换走不好，走不整齐，就会给队员造成思想上的压力，不敢大胆地做动作，这样就会影响动作发挥，也必然会影响排面整齐度和步幅、步速的准确性。在排面训练时，要打好基础，为多排面和方队合练创造一个良好的条件。在单排面训练阶段，有一个问题不可忽视，那就是单兵动作的训练，要在排面训练中抓住单兵动作不放，通过训练排面来巩固单兵基础动作，以单兵动作促进排面的整齐。两者的训练要互相促进，不可脱节。

单排面训练是很关键的一步，它是方队合成训练的基础，它训练时间长、内容多、难度大。因此，在单排面训练时一定要注意方法，多开展一些观摩评比，多搞些单排面考核，以此来调动训练热情和训练积极性，达到互相学习、互相促进的目的。以考核来检查训练质量和训练效果，找出排面训练中存在的问题，研究和改进训练方法，提高训练质量。单排面训练的后期阶段，要注意运用摄像机、放映机的作用，只靠眼睛是不容易查出个别人的毛病的，要很好地利用摄像、放映设备来检查排面整齐情况，这样能起到事半功倍的效果。

三、多排面训练

进行多排面训练是单排面向方队合成训练过渡的重要途径，是受阅训练必不可少的训练过程。训练时可采取递进的方式，从单排面、双排面到三个以上排面的训练。多排面训练着重解决排面的整齐、纵线齐和保持间隔、距离的问题。没有排面的整齐就没有纵线齐，保持不了向前对正和前后距离就没有小纵线齐，保持不好左右间隔就没有小外线的整齐。多排面训练的目的是让队员学会对正、标齐和取好距离，体会行进中向前对齐、向右标齐的动作要领。多排面训练时，注意抓好基准兵的行进方向，抓好第一排面人员之间的间隔。注意和单排面训练相结合，共性问题在合练中解决，个性问题在单排面中解决。

（一）小方块训练

在多排面训练的开始阶段，可将多排面分成几个小方块（3×6，5×6 或者 5×7）进行分练。小方块训练的目的是让受阅队员熟悉、适应、学会小排面的标齐、小纵队的对正和小外线的标齐。

（二）小方块合成训练

当大家找到感觉，基本掌握了向前对正、向右标齐的要领后，再将几个小方块合到一块，进行整体的多排面训练。

在单排面和多排面训练阶段，总教练要始终把握训练进度，掌握所有排面的训练情况，严格把握动作标准，对不符合规定的要及时给予纠正，使全方队的训练同步、同标准。对较差的排面，要及时帮其找出问题的原因和研究解决的办法，并限时赶上。

四、方队合成训练

方队合成训练是受阅训练的最后一项内容，也可以说是最高阶段。合练的目的是达到横线齐、纵线齐和多条外线分明。以威武的军威、整齐的步伐通过阅兵道，接受首长的检阅，其难度很大，标准很高，这就要求使用灵活的训练方法，调动一切积极因素，达到思想上的高度集中统一，动作上的整齐一致，纪律上的令行禁止。因此，要强化全方队人员的整体意识在“合”字上下工夫。

在方队合练中要注意做好以下几项工作。

（一）强化整体意识，在思想上重视“合”

由单排面、多排面训练过渡到方队合练，会带来很大的变化。首先是训练形式上的不同，过去是以排面或以小方块组织的多排面训练，人员由 20 多人到 100 多人。内容上是抓单排面的头线、胸线、臂线、脚线、间隔、步幅、步速等。多排面是在单排面的基础上增加了小纵队，小外线的对正、标齐。而方队合练标准更高了，难度更大了。要求全方队的每个排面都要做到帽线、头线、胸线、臂线、枪刺线、脚线整齐；每路要向前对正，每个人的头都要取好间隔、保持好距离，做到头线齐，步速、步幅要一致。由于形式、内容、标准的不同，组织指挥的关系也相应地发生了新的变化，由排面教练员组织训练变为由总教练组织训练。这样就会给队员们的心理带来变化，容易产生松劲情绪和偷懒现象。排面教练员由一线退到二线后压力小了，也容易产生松口气的思想。其次，整个方队约 200 平方米，场面大、人员多，给纠正动作也带来了困难。因此，合练前，一是要给每个教练员进行分工，使每个教练员都有事干，合练时有人检查排面、有人检查外线、有人检查纵队、有人检查列与列的距离、有人检查方队的行进方向、有人检查队列纪律，使所有教练员人人有事干，人人有责任，配合总教练抓好方队合练。二是要在合练前对部队进行整体观念教育，让所有队员明确训练的内容、训练的标准和训练的要求，使每名队员明确自己在方队中的地位和作用。从思想上提高队员的整体观念，增强合成的意识，使大家认识到有一名队员动作不到位或动作变形都会影响方队的整齐。三是要进一步强调和完善责任制，充分发挥各级领导、队员骨干的模范带头作用。训练中要积极开展排面与排面、中队与中队间的竞赛活动，形成一种一切为了合成，一切服从合成，创造一种人人为方队合成而努力的良好氛围。

（二）严格要求，在作风纪律上保证“合”

古人云：“无规矩不成方圆。”完成任何一项任务，没有良好的作风和严格的纪律做保证，都是不行的。在训练中培养过硬的作风和严格的纪律显得尤为重要。首先，开始合练就要养成雷厉风行、令行禁止的作风和严格的纪律观念，一切行动听指挥，一切动作听口令。对每一个动作都要严抠细训，同时还要制定出严格的队列纪律，并要根据训练内容和训练方式的不同，对队列纪律提出新的要求，使队员养成动如猛虎，静如泰山的作风。其次，要培养队员遵守队列纪律的自觉性。在受阅训练中，往往会因为身体条件、训练强度、训练情绪和气候等情况的干扰，产生队列纪律松懈现象，至使有些队员虽然身体主干不动，但会做一些如手指或嘴唇的轻微抖动，个别人会身体不动而眼睛到处乱看的错误动作。有些小动作并不是队员有意识或者故意所为，而是由于在平时训练中教练员要求不严造成的，使队员形成了一种习惯性的坏毛病。因此合练一开始，就要提高同志们的认识，自觉养成好的组织纪律观念和令行禁止的好习惯、好作风。最后，要严格地执行纪律。没有严格的要求是不行的，对个别不自觉，不遵守训练纪律的队员一定要视情给予处理，对严重违犯训练纪律和影响方队训练的，一定要严肃处理，绝不姑息迁就，该换的换，否则就不能保证训练任务的完成。只有强化纪律观念，增强队员们自觉的严格执行纪律和各种规定才能保证有一流的训练质量，走出一流的水平。

（三）提高训练时效，在方法上适应“合”

受阅训练是一个逐步递进的过程，没有停止间的静态定型，就不可能有行进间的整齐一致。方队训练时人多场面大一定要讲究方法，先静态，后动态；先阅兵式，后分列式；先慢动作，后连续动作；先近距离，后长距离循序渐进。

五、阅兵式训练的方法和步骤

（一）抓“三线”定位、定型训练（第一步）

在训练场地画上方格，横线距离100厘米，纵线间隔60厘米。训练时，让每名队员站格进行训练，脚尖与横线取齐，两脚跟对正竖线。也可以在地面上画“T”型符号，间隔60厘米，前后距离100厘米，脚尖与“T”型符号的横线对齐，脚跟对正竖线，脚尖向外分开60°，站线训练。

（二）拉线检查（第二步）

在队员站好后，首先拉线检查排面的横线。检查时先从脚尖开始，检查两脚分开的角度、脚尖线、腰带线、手线、胸线、头线、帽檐是否在一条直线上。持枪或挂枪时，要检查枪刺线或枪口线是否齐。对各列检查完毕后，再检查各路纵线是否齐。检查时先检查头是否正直，再以帽顶中心线为准，前后拉线检查帽子纵线是否齐，而后再拉线检查两肩线是否平齐。拉线检查横、纵、斜线时，要求队员要站好军姿，对个别不齐的要及时指出，进行微调，并注意保持，让队员体会标齐、对正的感觉。

(三)阅兵式敬礼训练(第三步)

阅兵式敬礼动作在单排面训练时已进行了练习,方队训练时要达到:准、齐、正、神。“准”是指带队干部下达口令的时机准确,口令要准确无误。“齐”是带队干部的举手礼动作和方队队员的转头动作要整齐一致,致答词的声音要整齐一致,听到“礼毕”的口令后,带队干部的转头放手动作和其他人员将头转正的动作整齐一致。“正”是指方队队员站立的方向正、头型正,眼睛看得正,不能斜视。“神”是指两眼睁大有神,面部表情自然,口要闭。阅兵式敬礼动作要和站军姿结合起来练习,保证站立两小时不动,身体无任何不良反映和不适现象。

(四)调整队形训练(第四步)

阅兵式结束后,要将队形调整为分列式队形。分列式队形的前后距离可根据方队的实际而定。徒手方队前一列队员脚尖和后一列队员脚尖的距离可定在 12 厘米。调整队形训练时,可先在地上将第一排面的行进路线画好,第一列踩线行进其他排面注意向前对正,并保持好左右间隔,使全方队整齐一致地调整至分列式列队位置,行进时注意排面整齐并向前对正。经过长时间的练习就可以达到理想的效果。调整为分列式队形后,要边踏步边调整队形,如时间允许可多踏一会儿,避免队员长时间的站立而引起腿部肌肉僵硬,影响后面的动作发挥。

六、分列式训练的方法和步骤

(一)抓好带队指挥员和“三兵”训练(第一步)

带队指挥员是方队的门面,是受阅过程中方队的现场指挥员,是方队能否走好的关键人物。因此,要早选好人,并要提早有专门教练员进行单独训练。选择带队指挥员时要注意以下几点:①思想素质好、老练稳重、头脑清楚、反映敏捷;②单个动作过硬,步幅、步速准确;③口令清楚、洪亮,并有穿透力,使全方队每名队员都能听清口令;④气质要好,两个人的身高要均等,身材匀称、英俊、魁梧;⑤有较强的组织指挥能力,能调动起队员的情绪。开始训练时最好能选 3～4 名,最少不能低于 3 名。训练中要对他们精雕细刻、严扣细训,并根据训练情况,定期对他们进行考核。使他们真正做到精神状态最佳,动作最标准,步幅、步速最准确。

“三兵”是指基准兵(每列排头)、钉子兵(每列的第 7 名、第 13 名、第 19 名)、框子兵(第 1 列、第 14 列和第 1 路、第 25 路)。

“三兵”是方队的骨架,起着走准步速、步幅和稳定方队的支撑作用。搞好“三兵”训练,是方队合成训练的重要步骤。在训练初期就要选好材,把那些军姿端正、动作过硬、心理素质好的队员放在“三兵”的位置上,合练阶段要抽时间专门对“三兵”进行训练,重点解决他们的行进方向、步速、步幅和保持规定的间隔、距离以及摆臂整齐等问题。对“三兵”进行训练时,可先停止间,后行进间,先在各自的位置上站好,熟悉停止间对正、标齐的感觉,熟悉保持间隔、距离的景况,为行进训练打好基础。在停止间练习的基础上再进行行进间练习,开始时可少走几步,根据掌握动作的熟悉程度再加大距离。在行进中可边走边停下检查对正、标齐和保持间隔、距离的情况。

(二)抓好大方块训练(第二步)

方队合练的开始阶段,尽量不要先搞全方队的合练,应先搞小方块的训练,先将整个方队分成四块分别进行训练。

进行分块训练时,先对教练员进行分工,规定训练内容和训练时间。分列式要做到“四等”,即等间隔、等距离、等速度、等步幅。在小方块训练的基础上再合并成大块训练,将方队分成前后两大块。

在大方块训练时,要始终抓住“横、纵、斜”三线的整齐不放。用分块训练法来找对正、标齐、向右前看齐(后一名看前一列同序号的右翼第二名的左耳)的感觉,为方队训练打好基础。

(三)抓好单路和多路纵队训练(第三步)

单路纵队练习,主要是解决向前对正和保持好距离的问题,做到纵线齐,前后步速整齐一致。纵队练习时,要强调后一名看前一名后帽檐,前后摆臂要整齐一致。多路纵队训练,开始可只训练单路,在单路对正的基础上,再 3 路一组、6 路一组、12 或 13 路一组。练到一定程度再将方队组成两大块练习。

多路纵队练习主要解决对正、标齐,做到大纵线、小排面和小斜线整齐。

(四)抓好“小三角”训练(第四步)

将方队分成八块小三角,进行小三角训练。

小三角训练主要是找小斜线看齐的感觉,方队斜线的形成是一个训练中的难点,它是方队横线、纵线训练成果的体现。为了使队员尽快地掌握斜线标齐的要领,实现斜线齐的目标,用分成小三角训练的方法训练效果明显。这样训练便于教练员纠正动作,有针对性地解决斜线看齐问题,训练时可先停止间、后行进间,分步进行练习。

(五)抓好大三角和大斜线训练(第五步)

在小方块、大方块、小纵队、多路纵队和小三角训练的基础上,再进行大三角训练,完成合成训练的最后一步。大三角、大斜线主要是让队员解决向前对正和向右前标齐,增强斜线意识,学会斜线的标齐要领。练习中,也可以一条斜线一条斜线地走,使每名队员都熟悉自己行进中向右前看齐的景况。

方队合练的方法较多,在具体训练时要根据情况灵活运用。

在合练阶段要以合训为主,分训为辅。在合练中如果排面出现问题,就分开让排面去解决,如果是中队的就让中队去解决。当练到一定程度时,再进行合练。

在方队合练过程中,要始终抓好“三个第一步”和踩乐训练。合练并不是从头走到尾,要打牢基础,循序渐进。先从踏步换齐步开始,在全方队换齐步整齐的情况下再进行齐步行进。在齐步能走齐的情况下再练齐步换正步。齐步换正步很关键,全方队踩乐必须齐,只有踩乐齐才能换好正步。全方队的呼号也要整齐、有力,呼号和乐点要一致,拖音长短和节拍相一致,不提前收音也不拖音。换正步时踢腿、摆臂整齐,左脚着地和向右转头要一致。确实做到一步定音,三步定节奏。开始练习时步速一定要慢,每分钟 96 步为宜。距离一定要短,先做分解动作,后做连贯动作。先从 3 步、5 步、7 步开始,而后逐渐增大距离。正步换齐步时,注意全方队换步整齐、转头整齐。换齐步后上体不松，腰不软，前后摆臂有力到位。通过全方队的"三个第一步"练习，要达到军姿不变，步速、步幅不变，行进方向不变，横线齐、纵线齐、斜线齐。

在合练的中后期一定注意踩乐练习，大多数队员开始踩乐时，容易动作变形，不适应快节奏。因此，在中后期一定要多进行踩乐训练，使动作和音乐协调一致。强调在踩准乐点的情况下增强动作的整齐和力度。在乐点踩得较准的情况下再进行音乐干扰训练，要模拟现场的各种情况进行训练，解决实地演奏和音箱的音差问题，让队员在各种音乐干扰下找准真实乐点，熟悉在多种复杂情况下始终听一个音乐和一个乐点，并且要搞好听音箱和实地演奏的过渡训练，特别是走到音箱和现场演奏结合地点时，不能变速，要始终按一个点儿走，坚持十几米后能自然和现场演奏合拍。在踩乐训练阶段，要注意提高队员的心理素质和心理承受能力，使整个方队始终踩在一个点上，达到脚、乐合一。齐步行进中，如果发现有人踩不准乐点儿时，方队中的辅助指挥员可下达小口令进行适当的调整。

在方队合练阶段，总教练应始终把握训练过程和影响方队"合"的不利因素，对影响合练效果的问题要及时纠正，要及时和教练员研究分析问题的根源，调整训练方法，并经常组织测验。方队合练中，每合一遍，都要检查方队的正面宽和队员的间隔，特别是第一列队员的间隔；检查各排面的前后距离和方队的纵队长度，重点是基准兵和钉子兵的前后距离；检查方队和各路纵队的行进方向。

方队合练阶段，一切是为了"三线"齐，一切工作在"齐"字上做文章，始终盯住各排面的横线、各条纵线和各条斜线。徒手方队要在抓好"三线"齐的情况下，抓住前后摆臂线和踢腿线，强调前踢时脚线齐和脚的高度准。

（六）抓好预备队员的训练（第六步）

方队受阅训练的最后一项工作是抓好预备队员的训练。"预备队员"是不可忽视的一支队伍，参加受阅训练和打仗一样，没有强有力的预备队是不行的。从单兵训练开始直到最后接受检阅，一定要有足够的预备人员，留有"备份"是为防止意外情况发生而准备的"替补"人员。在方队合练的前期，队员的位置要定死，没有特殊情况，不要变换队员的列队位置。使每名队员都能熟悉自己所在位置的景况，熟悉前、后、左、右队员的特点。以便互相之间的动作协调默契。预备队员在平时训练时，尽量排在排尾的倒数第二名，如果身高差别大时，可排在他身高适当的位置，当正式队员发生问题后，可及时补位。要让预备队员具备多个位置上的能力，让预备队员能替补任何位置上的人员。在后期的方队合练过程中，要把预备队员集中放在方队的最后一列进行训练。合成训练阶段，要注意做好预备队员的思想工作，使他们真正认识到预备队员的责任和重要性，要乐意当替补，并且还要有随时准备上场的心理准备和能上场完成受阅任务的一流动作。

（七）预演（第七步）

预演是阅兵的彩排，是所有受阅方队都参加的实地、实时、模拟阅兵所有程序的大合练，是阅兵的最后一项训练内容，是熟悉程序、达到协调一致、统一标准的目的。通过预演，使每一名受阅队员更进一步熟悉场地和程序，为正式受阅打下更坚实的基础。因此，各方队要进行深入细致的思想发动，使每个人都高度重视。

在受阅训练中，要做到四个坚持：

(1)坚持始终抓住军姿不放。从开始的单兵动作到方队的合成训练,要始终抓住军姿不放,时刻提醒队员任何时候都要军姿挺拔,保持高大、威武、端庄的形象。

(2)始终坚持抓住单个动作不放。不管是单排面训练阶段还是方队合练阶段,每天要安排一定的时间练习单兵动作,没有过硬地单兵基础动作就没有排面和方队的整齐。每当方队出现步伐不齐或排面不齐时,都是某个队员动作不过硬所导致的,是个别队员影响了方队的“三线”整齐。因此,任何时候都不能忽视单兵动作的练习。

(3)始终抓住分解动作的练习不放。没有慢步动作的基础,连贯动作就不能做到齐,当单排面、多排面或方队出现不齐时,要及时停下来练单步,合练阶段多练正步的一步一动和快慢步,等分解动作练齐了再做连贯动作。

(4)坚持始终抓住作风纪律不放。从单兵开始就要紧紧抓住作风纪律不放,没有好的作风和队列纪律,就不会取得好的训练效果,好的训练质量是靠好的作风和严格的纪律来保障的,特别是方队合练阶段,更应引起方队领导和各级教练员的高度重视。

第三章　轻武器射击训练的组织与实施

第一节　射击训练的特点及基本原则

一、射击训练的特点

(一)射击训练涉及的知识面广,受制约的因素多

射击训练是一门涉及面很广的综合学科。它涉及到人体生理学、心理学、物理学、化学、气象学等学科知识。例如,枪弹的发射药燃烧属化学现象;火药气体的效应和对弹头的推动作用、弹头在膛内外的运动、后坐的产生及对操作武器的要领影响,这些都属于物理学的范畴;射击学上各种数据要运用数学知识才能计算出来;气象学上的风向、风力、气温、气压以及空气温度的变化等,会对火药的燃烧和弹头的运动产生影响。由于涉及的知识面广,制约射击的因素也就必然多。

1.气候条件的影响

风会使射弹产生偏差;阳光会使瞄准产生误差;在不同气温下射击,弹道的性能也会随之改变等。

2.地形条件的制约

射手射击位置的地形条件,目标所在位置的地形条件,山林地等对射击都有一定的影响。

3.枪支、弹药质量对射击的制约

枪支弹药保管不好,枪管磨损严重,弹药受潮,制造枪支、弹药的工艺不一致等因素,都对射击的精度有一定的影响。

4.射手心理状态的制约

射手心理状态会直接影响射击效果。有些射手因心理素质不过硬,实弹射击时往往不能发挥自己的正常水平,造成失常现象。尤其是射手的技能达到一定熟练程度后,这种影响就更明显。

(二)射击技能形成的时间长

射击训练是技能形成的基础,要射手理解动作要领并不困难。但从理解到掌握要有一个过程,从掌握到形成也要有一个过程,这个过程就是实践。射击训练的实践就是反复练习(包括实弹射击),练习过程就是技能形成的过程,而这个过程并不是一时就能完成的,往往需要较长的时间。因此,要想真正掌握动作要领,就必须经过成百上千次的端枪、瞄准、击发练习及体会射击,从中探索体会要领,才能逐步形成熟练自如的动作。

(三)检验效果的尺度

检验射击效果的尺度是看弹着,它既不能凭印象,也不是靠感觉,更不能凭估计。弹着就是对射击训练效果的检验,也是对教练员(干部)教学水平的检验,还是射手掌握射击技能的真实反映。靶上见弹着,掺不得水,做不得假,是实实在在的。

(四)真枪实弹,不安全因素多

射击训练离不开枪和弹,因此不安全的因素比较多,组织实弹射击的顾虑也多。①担心武器弹药丢失损坏;②担心人员伤亡;③担心意外情况;④担心难以组织。无论哪个环节出问题都可能引发事故,因此,要确保安全,万无一失就必须做到"五个到位",即思想教育到位;基础训练到位;检查督促到位;制度措施到位;警戒勤务到位。

二、射击训练的基本原则

射击训练的基本原则是指导和组织实施射击训练必须遵循的准则。它是射击训练实践经验的科学总结,是根据射击训练的特点和规律提炼出来的。

(一)训战一致

训战一致就是要求射击训练必须从实战需要出发,严格训练,严格要求,使射击训练内容和成果切实为战斗服务,实现训战结合。要使这一原则真正落到实处,就必须做到仗怎么打,兵就怎么练,使教、养、战结合一致。

贯彻训战一致原则的基本要求:

(1)要坚持练为战。克服练为看、练为考、练为赛的思想和走过场的做法,真正从实战需要出发加强训练。这包括依训练大纲、教令、教程、教范进行训练,努力创造近似实战的环境,在艰苦、复杂的条件下进行训练等。

(2)要有难度和强度。难度是指针对战场上可能出现的各种复杂情况组织训练;强度是指在紧张艰苦条件下实施连续训练。要认真研究现代战争的新发展、新变化,结合担负的作战任务,结合现有装备,提高训练的针对性。要着眼于实战需要,反复研究摸索未来作战的各种技能,发挥轻武器的最佳效能。

(3)严把质量关。因为射击训练的特点之一是靶上见弹着,质量要求很高。所以每个训练问题,每个细小动作,都要明确标准,反复练习,一丝不苟,达到准确熟练,才能过关。

(二)循序渐进

循序渐进就是指射击训练必须遵循学科知识的系统性和人们认识活动的规律性,按顺序有步骤地进行教学,使学员系统地接受和掌握射击基础知识。一般来说,射击训练是按照先基础后应用、先理论后动作、先分练后合练、先易后难、由浅入深的逻辑关系和顺序安排的。教员只有按其内在联系进行传授和指导才能使学员更好地接受知识。

贯彻这一原则的基本要求:

(1)教学安排要有系统性。在拟制教学计划和编写教案时,要根据训练大纲的要求,充分考虑到科目与科目、课题与课题之间的逻辑关系,严格按照先基础后应用,先理论后操作的顺序安排。任何不按学科知识体系和各课题相互关系的教学安排，都会给教员的讲授、学员的学习带来一定的困难，也不利于学员理解、巩固和运用。

(2)教学中要注意新旧知识的衔接。射击训练各课题既是独立的，又有着密切的联系。教员要认识这种联系，运用这种联系，使已学过的知识成为学习新知识的基础，使新知识成为原有知识合符逻辑的发展。要做到这一点，教员在授课时，要针对学习内容及时复习已学过的知识，并注意引导学员自觉地把新旧知识联系起来，用旧知识消化新知识。这样既有利于学好新知识，又保证了所学知识的系统性、完整性。

(3)教学要由浅入深、由易到难、循序渐进。人的认识有一个由浅入深、由简到难、由低到高的发展过程，教学应遵循这个规律，从“浅”“易”“简”入手，逐步过渡到“深”“难”“繁”。组训方法步骤要周密严谨、重点突出、首尾衔接、层层递进，要善于把每一课目按内容顺序恰当地分解成若干内容或训练问题，分步细训。

(三)精讲多练

精讲多练就是射击训练中要用较少的时间把问题讲深讲透，用较多的时间进行练习，讲练结合，以练为主。

射击训练的内容，都是要在实践中运用的知识和技能，要求达到牢固掌握，运用自如。掌握技巧的过程，一般要经过感知、理解、巩固、运用等发展阶段，所以，进行每个训练内容时，不能只停留在教员讲授和学员感知、理解的阶段，教员还必须进一步指导学员通过练习，把感知的材料加深理解，牢固掌握。因为这一阶段难度更大，需要的时间更长，所以，在整个教学过程中，练习是主要阶段，也是牢固掌握技能的基本方法。射击训练的精讲多练，就是要突出一个“练”字。

贯彻这一原则的基本要求：

(1)要处理好“精讲”与“多练”的关系。精讲就是以简明精练的语言，深入浅出、通俗易懂、准确生动地把问题讲深讲透，使学员易学、易懂、易记、易用，尽可能地减少讲解时间。多练是指在理解知识的基础上反复练习，以熟练掌握所需的技能。精讲是为了多练，多练就必须精讲。

(2)要注重反复练习。因为射击训练的内容具有很强的操作性，熟练的基本技能和动作要领，要通过反复练习才能掌握，“熟能生巧”讲的就是这个道理。因此，教员要在学员理解动作要领的基础上，舍得花时间练，采用多种方法和手段促使学员练，直到达到训练目的。

(四)形象直观

形象直观是指教员要通过具体的实物，形象的语言，以及模型、图表、图片、录像等，使学员获得感性认识，借以深入理解抽象的理论概念和动作要领。

在射击训练中，广大学员和士兵由于生活经历的局限，对许多军事知识技能、武器装备性能方面感性知识不多，在一定时间内要他们掌握大量的射击知识，必须借助于直观形象的教学。实践表明，由语言、文字唤起对事物感知的完整性和鲜明性，远远不如直接作用于感官知觉那样具体深刻。“百闻不如一见”讲的就是这个道理。射击课的讲解，应力求形象直观，使抽象的概念形象化，深奥的理论具体化。让射手看得清、听得懂、学得快、记得牢。

贯彻这一原则的基本要求：

(1)要正确选择教学的方法手段。形象直观的方法手段很多,主要是实物直观(如实验、示范),模拟直观(如图片、模型、录像),语言直观(用语言描述具体形象)。对一些重要理论和原理,如武器的战斗性能,后坐对命中的影响,风对射弹的影响及修正等,若条件许可,应通过实验的方法加以讲解,或运用常见的、恰当的事例来说明。射击动作、射击方法和武器的分解结合等内容,应采取动作示范、边讲边做、正误对比等方法实施。

(2)要把直观与启发思维结合起来。一般来说,直观材料形象效果比较强,这些手段的使用最能调动学员感官兴趣,比较受欢迎。但是,如果不加以及时的启发和引导,就很容易偏离主题,变成纯娱乐性活动。为避免直观形象的局限性,防止停留在对事物表面的观察上,在展示直观材料的同时,要及时提示讲解,使生动的直观同抽象的思维紧密结合起来,帮助学员抓住事物的本质特征,从感性认识上升到理性认识。

(五)启发诱导

启发诱导就是根据训练内容和学员的实际情况,在射击训练中采取适当的方法和手段,引导学员积极思维、主动地学,以提高射击训练效果。

教学应从启发学员的兴趣入手,把课上得新鲜有味,引人入胜。前言力求扣人心弦;课中要情节生动,一环紧扣一环,不断地增强学员的求知欲;结束归纳要留有回味的余地,以促使学员多思多想,深入探讨钻研。

贯彻这一原则的基本要求:

(1)要充分发挥教员的主导作用。在训练过程中处于主导地位的教员对训练负有重要责任,要合理设计和把握训练过程,善于运用动作、表情、设喻、作图、演示、推理等手段,掌握顺启、反启、倒启等多种启发因素,促进其积极思维,使教与学互相作用产生共鸣。

(2)要尽量发挥学员的主体作用。学员是训练的主体,教员的主导作用要通过学员这一主体产生效果。启发诱导,最重要的就是教员要运用各种手段调动学员内在的积极因素,使其自觉和主动地学习射击知识,掌握射击技能,高质量地完成训练任务。

(3)要努力改进训练方法。要采用启发式、研讨式,尽量避免注入式、满堂灌;要善于用提问、比喻、讨论、评比、验收等多种训练方法施训,还可采用多媒体、计算机模拟,启发学员积极思维,诱导其有效地学习,提高训练效果。

(六)因人施教

因人施教就是要从学员的实际情况出发,处理好群体教学与个别教学、统一要求与发展个性的关系,有的放矢组织教学。对不同的对象,提出不同的要求,采用不同的方法。由于学员的基础和文化程度不同,对新知识的接受能力也就不一样。因此,讲授的内容、程度和所采取的教学方法,不能千篇一律,应因人而异。要根据不同的情况,把课讲得深浅适度,难易恰当,使学员"吃得饱",也"吃得了"。

贯彻这一原则的基本要求:

(1)掌握学员的实际情况。教员在讲课前要搞好调查研究工作,摸清学员的思想状况、文化水平、接受能力、原来的基础和现在的要求等,这是因人施教的基础和前提。

(2)针对不同的对象,采取不同的方法。教学的深度、进度应以大多数学员的水平为标准。一般来说,集中讲课应以大多数学员的实际情况为主,以满足大多数学员的需要。但对少数尖子和较差的学员，也不能放松不管，可采取重点辅导和课外辅导等方法予以弥补。鼓励好的冒“尖”，帮助差的树立信心，努力学习，共同进步。

(3)采取合理的教学编组。合理的教学编组是贯彻因人施教的重要措施。教学实践证明，不合理的编组会造成基础好的学员对所学的内容不满足，学习兴趣下降，基础差的学员感到难度大，不能及时消化吸收所学知识，增大了教员的教学难度，影响教学效果。为解决这一问题，通常可采用“浮动”升级法、自我“感受”法，改变“一锅煮”的现象。

第二节　射击训练的组织程序及基本方法

一、射击训练的组织程序

射击训练中必须遵循其内在的逻辑规律，合理地安排教学内容的次序，循序渐进地进行。

射击训练的基本程序主要指两个方面，一是训练内容的先后程序，即内容程序；二是训练步骤的前后顺序，即步骤程序。

(一)内容程序

1.射击理论教学

射击理论教学主要包括轻武器发展简史、发射与后坐、表尺和瞄准点的选择、外界条件对射弹的影响等。必要时，还可进行射击心理知识研究、命中公算、射击效果的评估等内容的学习。

2.武器常识教学

武器常识教学通常是介绍武器的战斗性能、名称用途、分解结合、擦拭上油、排除故障的方法，为正确使用打下基础。

3.战场观察、测距教学

战场观察、测距教学主要是掌握观察及报告的方法，学会用简便器材或制式器材观察、测距。

4.射击准备教学

射击准备教学通常是对验枪和卧、跪、立姿装退子弹以及定复表尺的学习。

5.基本射击

为了掌握射击的基本要领和技能所进行的实弹射击都是基本射击。它包括各种枪支对不动目标射击，对隐、显目标射击，夜间射击，对运动目标射击等。

6.应用射击

应用射击一般是在有战术背景的情况下，结合所担负的作战任务，有选择的射击。

以上内容程序，体现了射击训练先理论后实践，先基础后应用的原则，也是多年的教学实践的科学总结。

(二)步骤程序

前面把射击训练的内容程序分为六个方面，在每个内容中，按重点和难点又可分为不同的训练步骤。通常单兵基础技术课目的训练步骤应按“理论讲解、动作练习、检查验收”三个步骤进行。这三步既适合于整个训练大纲的内容，又适合于每一个具体训练内容。

以 81 式自动步枪精度射击为例。对固定目标射击是整个射击训练的基础，是基本射击训练阶段的重点，它的难点就是射手在击发瞬间保持瞄准景况和身体各部位力量保持不变，使据枪、瞄准、击发三者有机结合。为解决这一难点，训练中，在理论讲解之后，动作练习阶段通常采用四个步骤：

(1)缩小距离固定枪瞄准(解决射手正确平正准星缺口的能力)。

(2)四点瞄准(解决射手瞄准的一致性)。

(3)实际距离固定枪瞄准(解决瞄准景况问题)。

(4)枪、瞄准、击发综合练习(解决三者的有机结合)。

在完成上述步骤后检查验收，主要用检查镜检查，最后是实弹验收。

上面的训练步骤，充分体现了分步细训，打牢基础的原则。作为教员一定要严格把关，严格按步骤进行，逐人逐步检查到位，做到心中有数，不走过场，不降低标准。

二、射击训练的基本方法

射击训练应根据训练内容、训练目的、训练对象、训练器材、场地的情况，采取不同的方法，以收到好的效果。通常可采用讲解、示范、练习、检查纠正四种方法。

(一)讲解

讲解是向受训者传授知识和技能的重要形式和方法。根据射击训练各课题的内容和特点，分为理论课和动作课的讲解。

1. 理论课的讲解

射击理论课的讲解，应根据其理论性强，概念、公式多，涉及的知识面广等特点，做到层次分明，说理充分；启发诱导，形象直观；准确生动，通俗易懂；便于理解，便于运用。

2. 动作课的讲解

射击动作课的讲解要根据动作的特点和要求，紧密结合武器和动作进行。要做到语言准确、精练，讲述要领程序清楚具体、细致，并抓住关键内容进行训练。例如 81 式机枪的举枪要领就可归纳为正、握、抵、跟、塌五个字。讲做结合要紧密，讲得要干脆利索，做得要规范准确，使受训者学有榜样，做有标准。

教员在讲解中，可以讲解教材上的内容，也可以讲个人对所教内容学习研究的心得体会，作为对教材的补充，还可介绍所教内容有关的发展趋势，供学员分析思考。讲授法一般包括讲述法、讲解法和分析法。

讲述法是教员向学员系统生动地揭示所讲的对象和叙述事实材料，进而证明某一道理。这种方法在射击教学中普遍采用。

讲解法是当讲述不足以说明问题而需要进一步加以论证和解释时，便运用实物、模型、图表、战例、数据等手段，对一些概念、原理、原则进行有说服力的、系统的解说。

分析法是将所讲的内容，先分解或分步说明，再整体综合讲述，或先整体简述，再分解、分步说明。这种方法一般用于讲授比较具体复杂的实物和动作方面的问题。例如讲武器常识，先整体简介，再分解成若干部分，一部分一部分的讲述战斗性能、名称用途、分解结合、擦拭保养、排除故障等。

运用讲解的基本要求：

(1)讲解要有逻辑性。讲解的问题要重点突出，条理分明，由浅入深，由表及里，由此及彼，循序渐进，讲解时，观点要统一，思路要清晰，表达要逻辑，具有很强的说服力，使学既能系统地掌握知识，又能增强逻辑思维能力。

(2)语言表达要有艺术性。讲解时，教员应使用普通话，语言通俗易懂，讲究语法修辞。做到语言简炼，用词准确，语调抑扬顿挫。善于用比喻，体态语言，并配合必要的直观教具，以加强语言的新鲜感，从而引起学的学习兴趣，提高其注意力。

(3)要运用好板书。教学板书一般有两种写法：①系统板书，它要求简明扼要地反映教学的基本内容；②辅助板书，它是临时的补充提示，突出某些词语的语句的引用等。无论哪种板书都应字迹清晰工整。

(二)示范

示范是在教学中教员或示范分队以准确的军事技术动作为学员做出操练的典范。成功的示范，一方面可以增强学员对所学动作要领的信心和对武器性能的信任，提高教学的直观感；另一方面是利用人所固有的模仿能力，使学员通过接受示范动作的信息，在大脑中形成技术动作的表象，认识动作的特征，使练习有了标准。

示范的时机，通常放在讲述动作要领之前，必要时也可放在练习中或练习结束前。示范方法可分以下四种：

(1)概括性示范。概括性示范一般用于新动作的教学和训练的开始，教员将整个动作完整地示范一遍，然后边讲边做动作要领，使学员对整个动作有一个完整的印象。

(2)表演性示范。这种示范用以消除学员的疑虑、紧张、恐惧心理，教员对一些普遍认为难掌握的动作现场示范，通过示范消除学员的疑虑，使其树立信心。

(3)论证性示范。这种示范通常是用正误对比的方法，验证动作的正确性和客观性。

(4)教练性示范。即边讲边做，讲做结合，学员既听得清又看得见，还可边讨论边示范。这种示范方法是教学中常用的一种。

在教学中运用示范的方法应注意以下问题：

(1)教学前应做好充分的准备。示范动作是学员学习的榜样，示范动作是否正确、规范，直接影响学员掌握动作的水平。因此，在教学前，教员应根据课目的目的、内容，确定示范的动作、时机和方法，拟制具体的示范方案。教员自己示范时，不管基础如何，都应认真准备，反复练习，使示范动作准确化、制式化、规范化。

(2)使示范动作和讲解有机结合。示范动作的目的不仅是为了使学员感受具体的动作，而且使学员通过感知，认识其特点和规律。因此，单纯的示范是不够的，必须辅以讲解。在示范中，一定要结合动作讲解有关理论、要领，讲明每个动作的特点、要领和各动作之间的联系，讲明综合动作应达到的标准和练习方法。

(三)练习

练习是教员组织指导学员反复实践动作要领，掌握射击技能的重要活动。组织练习的方法多种多样，在教学中应根据教学内容、对象的不同而采取相应的方法。

1.领练

领练就是教员做一个动作，学员跟着做一个动作，让学员在模仿中对所学动作要领有个初步了解。这种方法通常是对初学者或者在动作要领比较复杂，学员一时难以掌握的情况下使用。

2.个人体会

个人体会是当教员讲完动作要领之后，学员个人消化、领会、实践的过程，是射击训练的主要活动方式，也是学员射击技能形成的主要途径。

个人体会虽然有利于充分发挥学员的主观能动性，提高训练效果，但组织不好也易出现问题。因此，教员不能急于求成，要加强指导，及时发现学员在体会练习中出现的问题，帮助其按正确要领进行练习。通常对个别问题进行个别指导，普遍性的问题则应集体纠正，必要时再次讲做示范动作。此外，个人体会练习时间一般不宜过长，应适时地根据学员的练习热情和体会效果，及时更换或改变练习方法，以免出现练习前紧后松的现象。

3.对组练习

对组练习，即结对或分小组体会动作要领的一种训练方法。它便于发挥骨干的作用，以强带弱，也有利于学员互相观摩、互相促进、互相纠正。

分组练习可采取小组长下口令，小组一起练，或采取流水作业等方法，也可采取单人出列练习。分组练习前，教员要划分小组，指定小组长，明确练习步骤、方法和要求，区分器材和场地。练习中，根据训练内容的特点和训练情况及时纠正训练中存在的问题，表扬先进，推广训练经验。编组时，要注意将基础好与差、反应快与慢的学员进行混合编组，以充分发挥骨干作用。

4.评比竞赛，典型引路

在学员初步掌握动作要领的基础上，组织评比竞赛，通过评比发现典型，使学员学有榜样，赶有目标，促进和提高学员的练兵积极性。

评比竞赛时要注意时机应恰当，必须是学员基本掌握了动作要领后方可进行。过早达不到目的，过晚则失去了意义。组织要严密，防止顾此失彼，形式要灵活，可以是单个评比，也可以分组评比，还可以集体一起评比。

5.合练

合练，即在统一口令下，学员集体做动作，达到熟练、整齐划一的目的。练习时要注意强调整齐一致，难度大的动作要重点练、反复练，逐步提高训练水平。

进行合练时，教员要适当掌握练习进度，把好质量关。开始可以放慢练习速度，以保证动作的准确性，避免形成痼癖动作，使其动作逐步达到准确熟练。合练可以持续练习、重复练习、变换练习等方法结合进行，调动练习情趣，防止因训练单调，出现逆反心理。组织练习时应注意以下几点：

(1)练习时要从易到难，从简到繁，分步细训。如果动作过程比较复杂，应将其分解成若干个动作单元，先分解练习，后连贯练习。

(2)要灵活运用各种方法。射击训练的练习是个综合交叉体，它们既相互独立，又相互渗透、相互联系。应根据实际情况，灵活掌握和运用。

(3)要提倡苦练和巧练相结合。练习时，一方面要从难从严要求，提倡不怕苦，不怕累；另一方面也要提倡科学施训，积极开动脑筋，摸索规律、寻找窍门，就可达到事半功倍的效果。

(4)教员要加强对训练场的控制,做到点面结合。既要注意抓重点人、重点检查、帮助,又要注意大多数人的训练情况、训练进度;既要伏下身子逐人检查过关,又要眼观六路、耳听八方,防止为了检查一两个人,而丢了大多数人。

(5)要充分发挥骨干的作用。应注意两点:一是训前要培训好骨干,统一动作、教学方法、路子;二是在训练中大胆使用,给骨干赋予相应的任务,充分发挥他们的作用。

(四)检查纠正

检查纠正学员的动作是教员在教学过程中的主要活动。其检查方法可用五个字概括,即看、摸、问、打、记。

(1)看。一看操枪姿势是否符合教材要求,是否稳固自然;二看瞄准的方法和景况是否正确;三看击发瞬间身体各部位的力量,瞄准景况是否改变。总体来说看是否做到了"三不变",即姿势不变,瞄准景况不变,击发动作不变。

(2)摸。用眼看不到的部位,就拿手摸一摸。例如枪托抵肩的位置对不对,腹部贴地实不实等。

(3)问。由于制约射击的内在因素多,有些是看不见、摸不着的,这就要问。通过问,来了解学员对动作要领的理解掌握情况,了解学员的内在感觉和心理状况,才能对症下药,纠正动作,做到心中有数。

(4)打。打就是用实弹进行体验或检验。实弹射击是对学员要领掌握情况的综合检查,最有说服力。通过打,能发现以上几种方法发现不了的问题,便于教学双方总结经验教训,修正教学计划,改进教学方法。但必须明确,打是在大多数学员基本掌握动作要领的基础上进行的,要防止以打代练。射击技能是打出来的这种观点是不对的、片面的、有害的。

(5)记。为掌握学员在各训练阶段,各气候、地形、时间下射击训练的情况,教员应建立学员训练档案,把每次检查中看到的、摸到的、听到的实弹的情况都详细地记下来,以便从中找出每个学员的训练特点、规律、问题,使教学更有针对性。

在检查中发现了问题,要及时给以纠正,纠正的方法有以下几种:

(1)口令纠正。即以口令指挥学员改正错误的动作、姿势和瞄准景况等。这种方法在训练中使用比较多,它直接告诉受训者应该怎么做,也便于使用。

(2)动作纠正。在口令纠正达不到目的的时候,或纠正难度较大的错误动作时,教员可采取边讲边做的方法,手把手地纠正。纠正时应先讲清错在什么地方,原因是什么,应该怎样做,然后让学员按纠正动作练习。这种方法比较形象直观,便于学员掌握和模仿。

(3)对比纠正。即采用正误对比的方法,让学员在对比中自己发现自己的毛病,继而加以克服。这种方法简单明了,很容易接受。

对于射击训练教学方法,我们主要介绍了讲解、示范、练习、检查纠正四个方面,其中重点是练习。因为它是学员掌握要领的关键,也是教员体现教学水平、教学方法的主要环节。练习的方法多种多样,要根据具体情况灵活使用,为教学目的服务,切忌生搬硬套。

第三节　射击训练的组织与实施

轻武器射击训练内容多、难度大、涉及面广、占用时间长。因此,应根据训练课目、目的、内容、学员的基础采取不同的组训形式。射击训练的组训形式主要有按建制，多枪种同步训；按基础，多枪种分级训；按武器性能，多枪种交叉训练。

轻武器射击训练通常分为射击理论课、射击动作课、实弹射击的组织与实施。

一、射击理论课的组织与实施

射击理论课是向学员传授射击理论知识、发展智力的课程，是掌握动作技能的基础课。其可分为授课准备、教学实施两部分。

（一）授课准备

授课准备就是教员上课之前的准备工作，应做到全面、充分、细致、周到。

1.学习研究训练计划、大纲、教材

学习研究训练计划、大纲，目的在于理解所授课目的自的、内容和要求，了解本课在射击训练中所处的地位，明确课目的内在联系。学习教材和参阅有关资料，目的在于吃透精神，弄通授课内容的原理、概念、公式、计算的方法步骤及相互之间的内在联系。在此基础上，明确本课的教学重点，选择恰当的教学方法和手段。

2.调查研究有关情况

上好射击理论课，必须调查了解与授课内容有关情况，例如学员的基础、教学环境等。调查研究可采取汇报、座谈、问卷调查、教学准备会等方式。在调查研究的基础上确定教学的深度和广度，重点和难点，区分具体时间，确定教学方法，使教学更具针对性。

3.编写教案

射击理论课教案通常采用文字记述式。一般包括教学提要，教学进程两部分。

（1）教学提要部分。教学提要部分应写明讲授课目、目的、内容、方法、时间、地点、要求和器材、勤务保障等内容。

（2）教学进程部分。教学进程部分按教学准备、教学实施、教学讲评的顺序编写。教学准备通常包括清点人数、自我介绍、准备教具、预习教材。教学实施通常包括基本观点、概念、教学的基本内容，说明基本观点的事例、数据等。教学讲评通常包括重述本课目、归纳重点内容、讲评授课情况和指出存在的问题等。

4.准备场地、教具

（1）场地准备。射击理论课场地应根据课程内容的需要去选择。例如讲授外界条件对射击的影响等内容，可在室内进行，也可室内、室外结合进行。

（2）教具准备。射击理论课的教具主要有图表、实物、实验用品、课件软盘、黑板、粉笔等。教员应根据教学需要和本单位的实际情况认真准备，并熟悉其使用方法。

5.试讲、试教

（1）试讲应在完成上述准备工作，并且熟记教案内容的基础上进行。目的在于进一步熟悉授课的目的、内容、方法、程序和教具的使用，锻炼自己的表达能力，提高讲课水平。

（2）试教通常由上级组织，有时可吸收部分学员参加，按正式上课的条件进行。通过试教，检查教员授课的准备程度，以便进一步完善和修正教案。

（二）教学实施

教学实施通常按教学准备、教学实施、教学讲评的程序进行。

1. 教学准备

教学准备是指教员到教学现场后，教学开始前的简短准备工作。内容包括准备教具、清查人数、宣布课目、目的、内容、方法、要求，说明学习本课的意义及与其他课的关系等。

2. 教学实施

通常按提示预习、重点讲解、组织讨论、解答问题、复习测验的步骤进行。

(1)提示预习。上课前，教员应组织学员预习教材，通过预习发现难点、疑点，为听课打基础。教员通常向学员提示预习的内容、重点、时间、方法和要求。学员在预习教材的过程中，教员应加强指导，并个别询问对教材的理解程度，以增强教学的针对性。

(2)重点讲解。其目的是使学员掌握射击理论基础知识，去分析武器的发射现象及特点，认识各种武器的运动规律，了解外界条件对射击的影响及修正方法等，以提高射击效果。因此，对射击理论课的讲解要全面系统，重点突出。

(3)组织讨论。理论讲解之后，应视情况和需要组织讨论。教员在讨论前应围绕重点，布置讨论题目，并让学员经过酝酿准备之后再组织讨论。讨论可分班进行，也可在课堂上进行。讨论时要鼓励学员积极发言，敢于提出问题，发表不同意见。同时，教员还要善于启发诱导，围绕讨论的问题抽测提问，了解学员的学习情况，并及时给予指导。

(4)解答问题。教学过程中，教员应注意搜集反映，掌握学习情况，适时、正确地解答学员提出的问题。解答问题的方法有三种：①带有普遍性的问题集中解答；②对特殊性的问题个别解答；③让学员之间互问互答，在答辩和争论中受益。教员解答问题要简明扼要，着重从理论与实际结合上讲清道理。

(5)复习测验。为了全面了解学员对射击理论的掌握程度，应及时组织理论复习和测验，测验内容应包括记忆性和理解性两个方面的知识。通过测验，找出教与学双方存在的问题，以便采取措施加以改进。

3. 教学讲评

教学讲评是教学的最后环节。通过讲评使学员进一步掌握重点，抓住关键，触类旁通。教员每讲完一课，都应提纲挈领地进行讲评。讲评时，要善于归纳，用几句话、几个字把所讲的问题概括起来。这样做，可以收到画龙点睛之效，帮助学员加深记忆。同时，对学员的学习情况进行讲评，表扬好人好事，指出存在的问题和今后需要改进的意见。

二、射击动作课的组织与实施

射击动作课是培养学员射击技能的综合课程，通常以教练的方法实施，适用于武器的分解结合、擦拭保养、预防和排除故障、射击准备、射击预习等内容。

(一)教学准备

射击动作课的教学准备工作与理论课基本相同，所不同的主要有以下三点。

(1)编写教案。射击动作课教案一般采用表格式。通常按训练进度，区分训练阶段，逐段进行编写，写明每个阶段的训练内容和每项内容所需的时间。说明每个训练内容的实施方法和要达到的训练目的。其内容的详简程度应根据教员本身的教学经验和习惯而定。

(2)教具准备。射击动作课多在室外操场、预习场实施，教具、器材需要量大。射击动作课的教具主要有武器、子弹袋、弹盒、背具、教练弹等。教具准备好后，要熟悉其使用方法，以便在使用操作中准确无误。

(3)示教作业。在展开训练之前,教员通常要组织学员骨干进行示教作业,统一教学内容、动作、方法和时间,提高骨干射击训练的组织能力,确保训练质量。

(二)作业实施

射击动作课的教学实施,通常按作业准备、作业实施和作业讲评的顺序进行。

(1)作业准备。将学员带到预定位置后,教员根据授课需要,应首先调整队形,整理着装,检查武器、装备、器材,然后宣布课目、目的、内容、方法、要求,讲明本课训练的重点、意义等。

(2)作业实施。作业实施一般按讲解示范、组织练习、观摩评比、检查纠正的步骤进行。

(3)作业讲评。射击动作课的作业讲评同其他课作业讲评基本相同,但又有所侧重。主要是讲评训练中的优缺点,动作要领的掌握程度、归纳要点、解答学员提出的问题及明确以后训练要求等。

第四节　射击心理训练的方法

心理素质的提高必须通过心理训练来实现。心理训练具有两种含义。一种是广义的心理训练,即通过谈话、演讲、开会、教育等活动,对受训者有意识地施加心理影响,使其心理状态发生变化。另一种是狭义的心理训练,是指采用专门性的心理技术手段(如肌肉放松、呼吸调节训练等),改变受训者的某一具体心理因素,以适应某些需要。广义和狭义的划分也是相对的,训练中可以相互渗透、彼此联系。

一、射击心理训练的组织措施

(1)拟制心理训练大纲和训练计划。大纲包括训练的内容,实现的目标、目的、要求、时间等。

(2)把心理训练的内容贯穿于射击训练科目中去,并提出技能、体能和心理训练的方法。

(3)建立和完善训练设施。

(4)编写心理训练教材和实施心理训练的作业教案。

(5)制定检查和评估心理训练成绩的方法和标准。

二、射击心理训练的一般方法

心理训练的方法一般分为两大类:一类是无形训练;另一类是有形训练。所谓无形训练是指受训者在无形的谈话或活动中实现自己的心理变化。这种心理训练的方法是采用自然的活动或自由的交谈等手段进行,训练者进行了有意安排,受训者却在无意中接受训练。所谓有形训练是指运用一定的手段,在一定的时间和地点按照一定的目的和要求进行训练。这种训练对训练双方都是有意识的。无形心理训练方法侧重于言语对话的作用,有形心理训练侧重于仪器、工具和具体动作的作用。心理训练方法是通过多种手段来实现的,因此心理训练的手段也是具体的训练方法。

(一)射击心理训练同思想教育相结合的训练方法

思想教育是心理训练的基础。军人的勇敢精神、顽强意志和积极的战斗情绪源于思想政治觉悟，而思想政治觉悟的提高又是通过对军人的思想政治教育获得的。因此，射击心理训练必须结合思想政治教育进行。通过教育明确为谁扛枪、为谁打仗，并培养射手对射击训练的情感和情趣，增强训练的信心，同时树立自觉地进行心理训练的正确态度和积极性。

(二)射击心理训练同体能训练相结合的训练方法

身体素质、运动技术和心理素质是取得优异成绩的三大要素。因此，在体能训练中要注意心理素质的训练。例如将体育训练中的走荡板、过天桥、攀高(绳索、软梯)、攀缘(离水面 4～10 厘米高的水平绳索)、通过障碍等内容，根据心理训练的需要编成套路，在进行体能训练的同时，有意识地磨炼射手的意志品质，锻炼其勇敢、顽强的精神和迅速、果断、细致入微的思想作风。

(三)射击训练中心理训练方法

1. 进行快速识别和保持、回忆和再认等非智力因素的训练

利用基本射击训练的间隙，编排一套智能训练内容，采用口述等手段，快速显示多种复杂的情况(目标、地形、人员)、数字或战斗命令等，让射手在规定的时间内口答和笔述，以锻炼射手注意力的集中和分配，增强射手在紧张和复杂环境中再现知识、技能的能力。

2. 进行坚定、勇敢、顽强等意志品质的训练

在条件允许的情况下，尽可能设计一些复杂的训练内容，如坦克碾压训练。方法是构筑专门的能确保安全的散兵壕，射手隐蔽在壕内，坦克从他们头顶上压过，使射手进行紧张、勇敢和心理稳定的情绪体验。

3. 情感应激的模拟训练方法

“应激”，顾名思义是应付激烈、复杂、出乎意料的情景。当大脑中枢接受到激烈刺激时，机能状态和情感状态同时引起剧烈变化，有机体处于紧急动员状态，使心率、血压、体温、肌肉紧张度、代谢水平等都发生显著变化。积极的应激状态可使强烈的身心力量迸发，应变决策能力增强，超限完成平时难以完成的任务。因此，应激模拟训练被广泛应用在各个领域，是心理训练的重要方法。

情感应激模拟心理训练是设计一种能引起临场情绪紧张的情景，让受训者在此情此景中诱导出消极性紧张情绪，然后，再有针对性地采取有效手段，消除过度紧张的情绪状态。例如让习惯性怯场的射手在全体受训者面前“示范”，故意增加临场紧张气氛，有提问、有录像、动员领导参加、有亲友到场等。这一切都是为了诱发射手过度的紧张情绪，重复获得消除过度紧张情绪的机会，增强情感应激能力。

情感应激模拟训练，可以广泛地应用于各训练环节。训练中关键是逼真、严格、有难度，使受训者不知道施训者的意图，在半盲状态下完成。这种训练方法手段简单，容易获得良好的效果，有很广阔的应用前景。

(四)射击训练中自我心理训练的方法

1. 肌肉、关节放松训练

肌肉放松训练是心理训练的基本动作之一。其作用主要表现在能引起机体新陈代谢功能的变化；能调节心理、稳定情绪、控制心态；能调节技术动作的准确度。

人们在正常活动中，心率变化没这样快、这样大，而且变化不全是下降(有升有降)。只有在进行放松训练后，心率变化的幅度快，而且是下降的。可见，它是有意识进行训练的结果。

其具体训练方法：选择安静、通风、稍暗的地点，可取坐、卧(仰、侧)和立姿，以舒适为宜，眼微闭，一面做慢而均匀的腹式呼吸，一面默念放松、人静、易记、易懂、精炼的语言。如“我很放松，我很平静，……”全身、四肢按先右后左，从上到下的顺序依次念完。默念同时在脑子里想象放松舒适的感觉和情景，每次练习持续8～15分钟，持续练习1～2周，每周2～3小时，需说明的是放松训练过程紧密结合着呼吸调节训练，两者是密不可分的，呼吸运动也是心理训练的重要方法之一。

2.动作表象训练。

动作表象训练是指射手有意识地、系统地在脑中重复再现原已形成的动作形象，使自己训练中的情绪体验、生理体验和技术掌握程度清晰地在大脑中反映出来。这种方法已被用来作为心理训练的专门性方法。

(1)动作表象训练可以增强射手的注意力，有利于排除自身和外界条件的干扰，并且能使射手逐渐掌握心理平衡和克服急躁情绪，不断提高心理稳定性。

(2)动作表象训练可以潜移默化地培养射手良好的意志品质。射击训练不单纯是动作技能训练，而且是动作技能和心智活动技能的综合反映。通过动作表象训练，射手可以不断加强射击过程的感知和认识过程，增强信心，充分做好精神准备，保持良好的心理状态。

(3)动作表象训练有利于射击动作的定型巩固。动作表象训练是大脑皮层对已感知事物形象的再现，射手就像在头脑中放录像一样，发现哪些动作需巩固、加强，哪些动作需修正、改进。缩短了训练时间，节省了不必要的体力消耗和精力浪费，提高了训练效果。

动作表象训练简便易行，不需任何器材和场地，不需专门安排大量时间，是自我调适的有效方法。训练中应注意把握以下问题。

(1)选择或创造良好的“心理环境”。动作表象训练是一种心理能量活动、消耗的过程。训练前要有2～10分钟心理平静恢复过程(特别是剧烈活动之后)，只要心情安静下来即可开始训练。训练中最好采取轻松的姿势、闭目静态回忆，这样可以有效堵塞外部环境刺激。训练中需要积极肯定的心理状态，保持心情愉快、动机强烈、注意集中、思维敏锐的良好心境。

(2)选择有效的训练时机。

1)动作表象训练可选择在早、晚或训练前后进行，训练时间为5～10分钟为宜。训练中要求射手全神贯注、身临其境。通过“放录像”体验训练程序、动作节奏、动感，并善于发现存在的问题和想象出克服的办法。

2)动作表象训练应结合射击预习穿插进行。例如每次空枪击发后，都会有理想与不理想、成功与失败的情绪和动作体验，好的动作和情绪应当认真保持和回忆，增强正确的记忆和总结。同时，注意克服不正确的动作和紧张情绪，特别注意出现的问题和技术要点，并及时分析原因，找出改正的办法，保持正确的动作定型并巩固。

3)动作表象训练与实弹射击紧密结合。射击前射手要养成“回顾”正确动作的习惯，把动作要点、技术要求、要领与程序进行要点回顾，寻找良好的情绪体验；每打完一发子弹后，更要注意观察，分析子弹偏差情况，与自己动作准确度的检查对照，解决改进变形动作，保持动作的准确性。

3.集中训练

注意是人的心理活动对一定对象的指向和集中。所谓指向性是指人的心理活动在一定的时间内，选择整个事物的部分作为自己的主要反映对象。例如，手枪射击中准星和缺口的关系应是射击过程中心理活动的指向。所谓注意集中性是指心理活动反映事物持续时间的长短。而持续时间的长短、深入程度是衡量注意集中水平的重要标准，对某一事物反映的时间越长，注意集中强度就越大。

注意的广度性、稳定性以及注意的分配和转移构成了注意的品质。

注意集中的训练，在射击心理训练中占有突出的地位。良好的注意品质可以使射手最大限度地排除来自内部和外界的干扰，保持心理平衡稳定，克服急躁情绪。从这个意义上讲，集中注意训练就是让射手学会调节自己意识活动的能力，随时调节注意的广度、集中、分配和转移。

(1)注意自身动作训练。注意集中训练的特点是内向性，即注意的对象选择范围尽量缩小目标，选择尽量单一，把注意力集中指向自己的内部。如注意握枪的“枪感”，托枪、瞄准过程中枪的动感和瞄准景况的象形感以及胯、腰、肩、臂、手的肌肉感。如果射手注意品质具备了深度、广度和稳定性，那么来自场地环境的刺激影响和来自自身的不良干扰会有效地被排除。

需要说明的是注意集中训练是由局部到整体的渐进训练，随着训练水平的提高，注意水平也不断提高。注意过程会轻松自如，心率也随之降低。

(2)注意分配与转移训练。集中注意训练的实质，在于训练射手能主动地随意控制自己的注意。所谓的注意集中和稳定，并不意味着注意对象的单一或固定不变，而是指在一定范围内的集中和稳定。至于注意的范围多大，要根据各种运动项目的要求而定。比如射击训练，射手在整个注意范围内既要注意瞄准，又要注意呼吸和击发；瞄准中既要注意准星、缺口觇孔的正确关系，还要注意瞄准点的选择。这种现象就叫注意的分配。如果有两个活动对象都需要较强的注意集中，射手注意的活动意识迅速从一种活动过渡到另一种活动上去，这种注意对象迅速更替的现象叫注意的转移。射击训练需要对多个活动对象注意集中、注意分配和注意转移。例如手枪射击时，主要精力应放在平正准星、缺口觇孔和力量保持上；当瞄准线接近瞄准区时，应控制心情，努力保持身体各部力量不变；当瞄准线在瞄准区缓慢而有规律地晃动时，大胆预压扳机并果断击发，此时应全身静、食指动。

总之，集中注意训练是一个深入、渐进的训练过程，必须认真体会练习。练习的方法很多，通常应注意三个方面：①平时射击训练中，不论是日常学习理论，还是练习动作，都要养成注意集中，合理进行注意分配、转移及全面观察的好习惯；②实弹射击前，要注意集中，有意识地练习忘记自我，认真体会进入集中注意的境界；③实弹射击时，要有意识缩小思维范围，排除内、外环境的不良影响，集中精力想动作要领、射击条件和程序。

4.自我暗示训练

自我暗示训练是一种借助重复默念有积极肯定愿望的词句和口诀，达到训练目的的方法。它是由内部动觉暗示语为诱因，以生理过程为媒介来调节心理状态的机制，从而调节射手紧张情绪、稳定思维和锻炼意志的过程。如实弹射击时，射手可默念“我要相信自己”“我一定能打好”“我要慢慢地扣、均匀地扣、正直地扣(扳机)”等。自我暗示语言要简略、形象、肯定，要具有鲜明的个性特点，针对性要强；使用暗示语言要自信、认真。

第四章　战术基础的组织与实施

单兵战术基础训练是指为使单个士兵掌握作战技能的方法而进行的训练。其内容主要包括着装与伪装、运动姿势与方法、对地形地物的利用、观察、搜索、潜听等。单兵战术训练的目的在于使士兵熟练掌握侦察知识、技能，提高作战能力，同时亦为分队的战术训练打下坚实基础。

第一节　训练准备

周密的准备是搞好战术基础训练的基础和前提条件。因此，教练员（班长）在接受组织实施单兵战术训练任务后，必须根据训练要求认真做好训练前的各项准备工作。其主要包括参加上级组织的示教作业，钻研教材、苦练动作，整理示教作业笔记（编写教案），熟悉训练场地、准备训练器材，授课练习等。

一、参加上级组织的示教作业

班长在接受教学任务后，必须要按照要求参加上级组织的示教作业，以便领会上级意图，明确训练的目的，训练的内容及重点，掌握统一的训练方法，训练标准和训练要求，清楚训练场地的分配使用情况和器材的保障情况等。为组织实施标准化、正规化的单兵战术训练奠定基础。

二、钻研教材，苦练动作

教材是组织训练的基本依据。熟悉和掌握教材中有关单兵战术的动作要领及理论内容，是搞好单兵战术训练的重要条件。因此，教练员在接受组织训练的任务之后，要认真钻研教材，熟悉教材中的每一项内容、每一个动作的有关理论。从理论上，把教材中各内容的脉络、结构、重点弄清、弄懂和弄通。把每一个动作的要领、标准和要求，吃深吃透，熟记。对于较为复杂的内容要进行必要的归纳提炼，用简明扼要的语言加以概括，以便受训者在训练中理解和记忆。

苦练动作，战术基础训练的技能和直接可视性较强，教练员（班长）的动作必须具有示范作用。因此，教练员在准确地掌握了每一个动作的要领之后，为了达到动作的规范化、标准化，还必须下苦工夫，反复练习，通过艰苦的备课练习，熟练地掌握每一个动作。这样，才能在组织单兵战术训练时，为受训者提供动作典范，以保证良好的训练效果。

三、整理示教作业笔记（编写教案）

单兵战术基础训练的示教作业从实质上来讲，就是上级指挥员（连长）组织教练员（班长）

在训练开始之前进行的集体备课。通过示教作业，不仅统一了教学思想、内容，传授了教学经验。而且，还对每一个问题的具体训练方法，都做了具体研究和探讨。因此，教练员在参加完示教作业之后，还应根据受训者的军政素质情况，结合教学任务及训练场地和其他情况，认真整理示教作业笔记，使之成为完整的教学方案（即单兵战术训练教案），以备训练使用。

四、熟悉训练场地，准备训练器材

单兵战术训练场地，多为制式场地。尽管如此，为了合理区分和使用场地，教练员在接受教学任务之后，还应到训练场地内进行认真地查看，熟悉场地及训练设施，针对训练内容对场地的使用要求做出相应的区分。同时，还可组织人员根据需要，对场地进行必要的修整改建，使训练场地更加适应训练需要。

训练器材是训练的物质基础。教练员应根据单兵战术训练的需要，准备训练器材。在充分利用上级配发的制式器材的基础上应组织人员因地制宜地制做部分简易器材，保障训练需要。

五、授课练习

授课练习是指教练员仿照授课程序进行的练习，是授课准备的重要环节。教练员应按示教作业统一的内容、方法、步骤和要求，结合受训人员的实际情况，逐个动作、逐项内容、逐个步骤地反复练习，直到确有把握把课上好为止。授课练习尽量在训练场按实际授课程序进行，重点要抓好讲解示范、组织练习等重要环节。授课练习的过程也是课堂设计进一步修改和完善的过程，教练员应针对实际情况，从保障训练效果、提高训练质量出发，认真研究每一训练内容具体方法步骤，合理区分训练时间。

第二节　训练实施

单兵战术训练通常按作业准备，作业实施，作业讲评的步聚组织实施。

一、作业准备

作业准备是指受训者到达训练场后，在训练开始前为保障作业顺利地实施所做的一系列准备工作。其主要准备工作有以下几点：

(1)清点人数，验枪，整理服装、装具。在受训者到达训练场后，班长应首先清点人数，组织验枪，整理服装、装具，检查训练器材，并向在场首长报告。

(2)活动身体。单兵战术训练，动作性强，体力消耗大，身体的膝、手肘、胯等部位与地面接触，摩擦、碰撞较多，易出现擦伤、扭伤、拉伤、骨折等事故。为避免这些事故的发生，在开始训练前，教练员（班长）应组织受训者活动身体，以保证受训者以良好的身体状态接受训练。

(3)宣布作业提要。即向受训者宣布训练的课目、目的、内容、训练的方法步聚、时间安排等，并根据训练内容的特点及天气情况，有针对性地向受训者提出要求。

(4)提示课目理论。即对训练课题的有关理论进行提示，其内容主要包括：课目概念、训练的意义或目的、训练内容及重点等。有时，亦可对课题的整个训练计划和内容在此作一说明，理论提示要简明扼要。

二、作业实施

作业实施是单兵战术基础训练的主要阶段。在训练时，要严格按照计划施训，对规定的训练问题要逐一进行，通常各训练问题的一般组织程序如下：

1. 讲解理论

讲解理论是指讲解本训练问题的有关理论。讲解时，应根据本训练内容的特点选用适当的方法进行，常用的方法有以下几种。

(1)直叙式。该方法用于概念、原则、原理等内容的讲解，通常按照是什么，为什么，怎样做的顺序来讲。

(2)解答式。该方法多用于解答战士提出的疑难问题。讲解时应注意把握内容的深度和广度，一般是战士提出什么问题，就针对什么问题进行解答，避免牵扯内容过多而战士更加疑惑。

(3)归纳式。单兵战术动作的理论内容多是动作要领，班长讲解时可将其归纳成通俗易懂的简明口诀或“顺口溜”。如跃进的动作要领可归纳为：右手持枪，目视前方，曲身快跑，距离适当；前进不减速，左脚向前一大步，身体往前扑，转体把枪出。这样讲解既生动形象，又便于受训者记忆。此方法，多为讲解动作要领时采用。

2. 示范动作

示范动作是指教练员(班长)做出规范的动作，供受训者观摩的活动。其目的是使受训者头脑中建立动作表象。示范时，通常与动作要领的讲解结合进行，示范动作一般由教练员(班长)亲自做，一些难度较大，连贯性较强，不便于一人边讲边做的动作，也可以由预先培训好的示范人员或临时指定班内基础较好的士兵做。示范动作应准确熟练，节奏分明，便于受训者观看和仿效。通常先示范连贯动作，给受训者一个初步的印象；而后示范分解动作，使受训者听清看懂；最后再做一遍连贯动作，使受训者进一步加深印象。示范动作时常用的方法有以下几种。

(1)先讲后做法。即先讲解动作要领，而后做示范动作。这种方法可以使受训者在教练员(班长)做动作之前对动作要领有个初步认识，以便受训者在教练员(班长)做动作时能用初步了解的要领指导观看，从中明确动作程序，领会动作要领。

(2)先做后讲法。即先做示范动作，后讲解动作要领。这种方法，首先在受训者头脑中形成动作表象，而后在教练员(班长)讲解动作要领时，受训者可以通过其思维联想，从而正确领会动作要领，明确动作结构程序。

(3)边讲边做法。即动作要领讲到哪里示范动作就做到哪里，讲做结合，同时进行。这种方法，理论与实际结合紧密，有利于受训者理解和掌握，但难度大、要求高，讲与做必须协调一致才能保证示范效果。

示范动作的方法应根据情况灵活运用。对较复杂的动作可进行分解示范，必要时，应与组织练习相结合，讲解示范一部分，组织练习一部分。分解示范之后，应进行连贯动作示范。

3. 组织练习

组织练习是指教练员(班长)有计划、分步骤地运用各种训练方法组织受训者进行动作练习的活动，是作业实施的重要环节，也是受训者掌握知识，形成技能的基本阶段。练习开始之前，教练员(班长)应明确练习的内容、方法步骤及时间安排，区分训练场地和训练进展情况及时调整和变换训练方法。组织练习的方法应根据动作的难易程度和受训者训练基础灵活确定。通常情况下，可按以下方法步骤进行。

(1)模仿练习。即受训者模仿教练员(班长)的动作进行练习。教练员(班长)做一动，受训者模仿着做一动。模仿练习的目的在于打好基础，防止形成痼癖动作。练习中应坚持由慢到快，由简到繁，由易到难的原则。练习时，首先进行徒手模仿练习，而后进行携带武器装备的模仿练习。较复杂的动作，应先进行分解动作模仿练习，再进行连贯动作的模仿练习。

(2)体会练习。在模仿练习的基础上，让受训者个人自行体会动作要领，一动一动地琢磨，一动一动地练习，从而正确理解要领，掌握动作。在个人体会时，教练员(班长)应对受训者及时进行检查指导，帮助他们掌握正确动作要领。纠正动作时，要以鼓励为主，可动用正误对比、情况诱导等方法，帮助受训者分析原因，明确改正的方法。

(3)分组练习。在个人体会练习的基础上，为充分发挥集体智慧，互相学习，共同提高，应适时进行分组练习。划分训练小组时，应充分考虑到新老兵成分和训练基础等情况，合理搭配人员，以促进训练。练习中要充分发挥小组长、小教员的作用，互相检查纠正，发现问题共同研究解决，解决一个人问题大家共同受益。

(4)全班练习。为了统一动作、统一标准，在分组练习的基础上，应进行全班集体练习。全班练习时，应注意基础动作练习，从分解动作开始，逐步加大难度。对基础动作要精益求精，反复练习，直到全班达到训练标准为止。对个别基础较差、掌握动作较慢的受训者，教练员(班长)应注意个别辅导，或指定专人帮助辅导，要鼓励他们树立信心，不得讽刺挖苦。

(5)评比竞赛。当一个训练内容(动作)或训练阶段即将结束时，可组织评比竞赛，以便互相观摩，互相促进，进一步提高训练效果。评比竞赛可以以训练小组为单位，组与组比，也可以以个人为单位，受训者轮流做动作，最后由教练员(班长)负责评判，评判时要适当听取受训者意见，最后归纳评判意见，并向全班公布。公布评判结果时，要以表扬先进为主，同时也要指出存在的问题。为了鼓励先进、交流经验，必要时可让比赛优胜者介绍训练经验和体会。

4. 小结讲评

每一个训练问题(内容)或训练阶段结束时，教练员(班长)应进行小结讲评，主要是讲评训练情况，指出存在的问题，明确解决的方法和努力的方向。

三、作业讲评

单兵战术训练结束时，教练员(班长)应认真搞好作业讲评。讲评的内容主要包括以下几点：

(1)重述训练课目、目的、内容及方法。

(2)讲评训练目的以及需要达到的程度。

(3)指出训练中的优缺点，表扬好人好事，指出今后努力的方向。

第三节　训练要求

一、认真备课，充分准备

单兵战术训练是形成单兵侦察技能的关键，是分队战术训练的基础和前提条件。因此，教练员应根据训练计划和上级的要求,针对受训者的基础状况,结合训练场地和器材保障条件,进行周密细致的准备,认真把好自身动作质量关,在熟练地掌握了有关理论的基础上,苦练基本功,使战术动作达到规定的标准,实现动作的规范化;严格按训练程序进行试讲试教,以确保训练取得良好的效果。

二、严格按计划施训,突出重点

训练计划是实施训练的依据,又是搞好训练的重要保障。在训练过程中,教练员不能随意改变计划,应严格按照上级(连队)下发的训练计划组织训练。对于训练中的重点或难点,在严格执行计划的同时,在训练时间的分配上还应做出必要的倾斜,以保证掌握重点和突破难点。

三、注重身教,讲究方法

单兵战术训练的动作性和技能性较强,教练员的讲解是否准确、示范动作是否规范,是受训者能否准确掌握动作要领的重要因素。因此,教练员(班长)在组织训练过程中,应重视自身示范动作的影响力,注重以自身标准规范的动作来影响受训者、激励受训者,充分发挥身教的作用。同时,在训练方法上,还应注意苦练与巧练相结合,一方面要鼓励受训者发扬不怕吃苦的精神,苦练基本功;另一方面又要从训练效果出发,灵活运用训练方法,科学练兵。

四、严格纪律,防止事故

在训练前,要根据单兵战术训练动作性、技能性强的特点,结合训练场地的情况以及天候条件等,建立各种规章制度。训练前,要认真验枪、活动身体;训练中要爱护武器装备,防止损坏、丢失;课间休息时,禁止用武器开玩笑或做危险性较大的动作;训练结束后要清点器材和验枪。时刻把防事故放到重要地位,以确保训练安全顺利进行。

第五章　核化生防护训练的组织与实施

核生化防护训练是指以核、化学、生物武器袭击的防护知识和应用技能为主要内容的训练，是分队训练的一项重要内容。核化生防护训练具有内容多、时间紧，训练强度高、体力消耗大，情况设置、技术保障难度较大，训练的作用体现不够明显、直观，不容易激发受训者的训练积极性等几方面的特点。

核化生防护训练目的：一是了解和掌握核、化学、生物武器的基本知识，了解核、化学、生物武器的使用及其可能对作战带来的影响；二是熟练操作和使用所装备的核化生防护器材，掌握对核、化学、生物武器袭击防护的基本技能，提高在不同战斗状态下的防护应用能力；三是通过训练培养分队指挥员顽强的战斗意志、优良的战斗作风和严格的组织纪律，全面提高分队在核化生环境中执行战斗任务的能力。

未来战争的战场环境复杂，良好的核化生防护训练水平是部队在核化生环境中避免或减少敌人核、化学、生物武器袭击损害，有效地执行作战任务的重要保障。为此，分队指挥员要注意“三防”训练，不断提高“三防”训练水平，全面提高分队的战斗力。

第一节　核化生防护训练的准备

核化生防护训练的准备是指为实施核化生防护训练而预先进行的各种准备活动，是指挥员顺利地组织实施核化生防护训练的重要保障，包括思想、组织、教学、物资等方面的准备。

一、思想准备

思想准备是指在训练前，充分发挥思想政治工作的保障作用，根据核化生防护训练的任务和官兵的思想状况，搞好训练动员和经常性思想教育，明确核化生防护训练的目的、意义、任务、要求和完成任务的措施方法等，消除对核、化学、生物武器的恐惧感。训练动员时，应全面领会和理解核化生防护训练的任务，正确把握核化生防护训练的特点，系统分析可能影响训练的主、客观因素和各种有利、不利条件，针对已经出现或可能出现的问题，确定正确的训练指导思想，鼓舞士气，调动官兵的训练积极性，最大限度地挖掘练兵潜力。

思想教育包括基本理论教育和个别思想教育。基本理论教育主要是从理论与实践的结合上加强我军根本职能教育、形势教育，正确理解人与武器装备、训练与实践的关系，从而端正认识，明确进行核化生防护训练的重要性和必要性，提高训练的自觉性。个别思想教育主要是针对个别同志在训练中出现的具体思想问题，采取恰当的方法，耐心细致地做好说服教育工作，使其以饱满的热情积极投入到防护训练中去，完成各项训练任务，争当训练标兵。

二、组织准备

组织准备是根据核化生防护训练的任务及军官、骨干配备情况，调整训练骨干，区分教学任务，加强训练的组织和教学力量，确保训练效果。

(一)拟定核化生防护训练计划

核化生防护训练计划是指组织、实施核化生防护训练的内容、步骤与方法的预先安排，是组织实施核化生防护训练的重要依据。在拟定计划之前，应认真学习、研究上级指定的阶段或月训练计划，以及有关核化生防护训练的内容及具体要求，明确组织实施核化生防护训练的时间、内容、要求，以及有关保障等，而后根据本分队的训练实际，合理安排组织核化生防护训练的时间、内容。由于组织核化生防护训练的时间较短，因此通常宜集中时间组织实施，而不宜将各训练课题之间的时间间隔拖得过长，以免影响训练效果。同时，应根据本分队官兵核化生防护训练的基础状况，明确训练内容，把握训练的重点和难点，区分每个训练课目、内容占用的时间，选择适当的训练方法。

(二)合理确定组训形式

分队组织核化生防护训练应根据本分队各类人员的核化生防护训练基础、训练课目、训练重点(难点)和训练场地、器材的保障程度，结合军官和“三防”骨干的任教能力等实际情况，按集中训练与分散训练相结合，理论学习与操作练习相结合的原则，灵活选择新老兵分训、按建制训练等组训形式。组训形式应本着提高训练质量，组织简便的原则，灵活地加以确定。同时，应加强领导、明确分工、实行责任制，对训练编组、课程设置、教学任务和力量分配等进行周密组织，科学安排。

(三)明确教学分工

核化生防护训练由于内容较多、时间又比较紧，由独自一人承担教学，难度较大。因而，通常可由分队军官和基础比较扎实、具备较强的组织训练能力的“三防”骨干共同担负教学任务，并根据军官和“三防”骨干的任教能力、组训形式、训练内容，合理区分教学任务，明确教学分工。例如当本单位缺少“三防”骨干，自身组织核化生防护训练有困难时，可请求上级予以指导，或请防化专业分队派人予以指导，或寻求友邻单位的支持。

三、教学准备

教学准备是核化生防护训练准备的重点工作，通常应在年度训练的预备期完成，其主要内容包括：教练员按分工进行理论备课、组织示范作业和示教作业。

(一)备课

备课是教练员为实施教学而进行的准备活动，是上好课的前提。通常在教练员受领教学任务后进行。

1. 学习大纲和“三防”训练教材

教练员受领教学任务后，要认真学习训练大纲“三防”教材的有关内容，明确组织核化生防护训练的目的、要求、时间以及需要达到的训练效果，明确各训练科目之间、训练内容之间的相互关系，以便更好的把握核化生防护训练的重点和难点，合理安排授课内容。理论课备课应当广泛地收集、阅读与“三防”教材内容相关的资料，扩大知识面，增加信息量，充实讲课内容。实际操作课备课还应对各种示范动作进行反复练习，使自己的动作标准、规范。

2. 了解受训对象，选择训练方法

授课前，教练员应了解受训对象的思想状况、文化基础、身体素质、自学能力、兴趣爱好、核化生防护训练的基础、新老兵的比例、军事技术水平等情况，做到心中有数，并依此确定教学的重点和难点、深度和广度，区分教学时间。如果受训人员对核化生防护训练理论知识掌握得较好，则可适当地加深教学内容，在时间的区分上适当向操作课倾斜，反之则在时间上适当向理论课倾斜，并结合训练内容和各种保障情况，灵活选择训练方法和手段，做到有的放矢，因人施教，使老兵“吃得饱”，新兵“吃得好”，人人愿意学，人人有提高。了解情况的方法应根据平时所掌握的情况，结合个别交谈、召开座谈会（训练准备会）、问卷调查、理论或操作（动作）测验等形式进行。了解受训对象的情况，应当贯穿于整个防护训练过程，随时掌握防护训练的情况，发现问题，及时采取有效措施，改进教学。

3. 编写教案

教案是教练员按核化生防护训练课题和课时编写的具体教学方案，是教练员教学的基本依据。核化生防护训练的所有课目，包括理论课和操作课都应当认真地编写教案。教案的基本结构，一般由作业（教学）提要和作业（教学）进程两部分组成。作业（教学）提要部分应写明核化生防护训练的课目、目的、训练问题（讲授内容）、重点、方法、作业（教学）地点、时间、要求、器材及勤务保障等。作业（教学）进程部分通常按作业（教学）准备、作业（教学）实施、作业（课终）讲评的顺序编写。作业准备应包括清点人数、检查训练器材（携带武器时还应组织验枪）、宣布作业提要等。作业（教学）实施，应按训练问题（教学内容）的顺序编写。作业（课终）讲评，应重述课题题目、目的、训练问题（教学内容）及重点，讲评作业（教学）情况，并阐述有关的理论要点及内容。教案的格式可根据教练员素质和课题的不同，灵活选用文字记述式、表格式和要图注记式。通常，教练员缺乏教学或训练经验，或对教学过程不够熟悉，应编写出较为详细的文字注记式教案；教学经验丰富的教练员，可以用表格式或要图注记式的形式编写，或只编写教学提纲。教案编写完毕后，应送分队主官审查批准。

4. 试讲、试教

试讲是教练员在实际教学前练习教学的主要方法。通常，在熟悉教案的基础上，结合各种教具、器材、假设受训对象，按课题内容顺序，先分段后前后反复练习。通过试讲，进一步熟悉所授科目的内容、教学方法、教学程序和教具的使用，提高“四会”能力。试讲还可邀请相关人员参加，以便更好地发现和纠正错误。

试教是教练员在个人试讲的基础上，对防护训练中的某一训练问题或全课题进行系统全面的模拟教学，是一种实验性的教学活动，目的在于检查教练员准备情况，以便发现问题，及时调整和改进教学。试教，通常按照试教、评议、小结的步骤进行。试教必须按预定作业程序和时间，运用预定训练方法和手段进行。评议，就是参加试教人员对试教情况进行评价和讨论，看授课内容有无差错，重点、难点是否突出，教具使用是否熟练，方法是否得当，时间分配和掌握是否恰当等，帮助试教者总结经验，指出不足。小结，即在评议的基础上，由试教组织者对试教情况进行的讲评。小结应综合大家的意见和看法，在肯定优点的同时，着重指出存在的问题，提出改进意见和措施，并对有关问题进一步作出明确规定，严格把好备课质量关。

（二）组织示教作业

示教作业是为了统一教学思想、教学内容和教学方法而进行的示范性教学活动。在核化生防护训练中，组织示教作业是提高班长组织实施“三防”训练能力的有效措施，也是组织班长集体备课的活动。通常由分队主官组织并任教，也可由“三防”训练基础较好，教学、训练经验比较丰富的排长任教。示教作业通常可按示教作业准备，示教作业实施的程序进行。

1. 示教作业准备

示教作业前，组织者应认真熟悉大纲、教材，明确教学目的和重点，结合本分队“三防”训练的实际情况以及班长的组织训练能力，合理确定示教作业内容。通常宜选择既是核化生防护训练重点，又是本单位训练的薄弱环节，既能体现主要训练内容，又便于研究训练方法和手段的内容进行示教，以提高示教作业的效果。同时，教练员还应选择理想的作业场地、准备训练器材、确定示教作业的基本程序和方法、编写示教作业教案或作业指导方案，进行试讲、试教。此外，还应将作业的内容预先通知班长，并督促其预习有关理论，做好作业准备，当需要使用勤务人员时，还应事先进行培训。

2. 示教作业实施

示教作业既可以按照“三防”训练课题逐个内容进行，也可以重点研练其中的一个、两个问题。具体实施应根据“三防”训练课题的难易程度和班长的素质灵活确定。示教作业实施通常按作业准备、作业实施和作业讲评的顺序进行，将“讲”“做”“演”“练”“评”有机结合起来。

（1）作业准备。作业准备主要包括：清点人数，判定方位，介绍场地设置，进行训练编组，宣布示教课目、目的、内容、方法、时间、要求等。

（2）作业实施。作业实施通常按理论提示、教学示范、讨论研究、组织练习和归纳小结的步骤进行。

1）理论提示。理论提示就是教练员针对示教内容，有重点地提示有关理论，目的是使班长明确有关理论。其内容通常包括班长组织“三防”训练时可采用的方法、步骤、要求等。提示的方法可采用提问式或讲解法等。

2）教学示范。教学示范就是教练员充当班长对示教内容进行组训方法的示范。其方法既可由教练员直接示范，也可由基础好的班长示范，或者可先指定一名班长做示范，而后由大家或教练员指出问题再由教练员就存在的问题或班长组训的难点、重点进行示范。示范时，应讲解精炼、准确，示范标准、规范。

3）讨论研究。讨论研究就是指教练员为提高班长独立组织“三防”训练的能力，组织班长对教学方法进行研究和讨论，然后由教练员归纳，形成方法。讨论研究既可在教学示范前进行，也可在教学示范后进行。讨论研究前，应围绕示教内容，根据班长组织教学训练的能力及各班士兵“三防”训练的基础，有针对性地提出问题。例如理论提示哪些内容、采用什么方法，组织练习采用什么方法，士兵在“三防”训练中易存在什么问题、原因何在、如何纠正，等等。通过讨论研究，形成一套适合本班情况，行之有效的训练方法和教学方案。

4）组织练习。组织练习就是教练员组织班长进行的教学练习，是班长具体的教学实施过程，也是提高班长组织实施“三防”训练能力的关键环节。通常可采用个人体会练习、分组分班练习、互相观摩评比的方法进行。组织练习时，教练员应认真检查辅导，发现和纠正问题，并根据各班士兵的特点及训练内容、场地特点，灵活设置各种情况供班长处置，以全面提高班长的会讲、会做、会教、会做思想工作的能力。

5)归纳小结。每个示教问题训练结束后，教练员都应进行小结，着重指出班长组织核化生防护训练时应把握的重点，进一步拓宽班长的教学思路。

6)作业讲评。作业讲评的主要内容有重复示教课目、目的、内容、讲评示教作业情况，总结组训方法，规定完成备课的时限及要求等。

3. 组织示范作业

在“三防”训练实际操作课教学过程中，为了提高核化生防护训练的效率，教练员通常应组织示范作业。示范作业是指对受训或见学人员演示规范的防护动作和科学的训练方法的教学活动。作业时根据班长组织训练能力，见学人员核化生防护训练的基础等实际情况，既可以侧重于教学或组训方法的示范，也可以侧重于标准防护动作的示范。随着多媒体教学手段的逐步推广应用，示范作业还可以利用电化教学的形式进行。

在组织示范作业时，应把握好三个问题：一是示范作业前要培训好示范分队（人员）或者制作好示范作业的多媒体课件。教练员应首先选择素质较为全面“三防”训练基础较好的分队（人员）作为示范分队（人员），通常可由“三防”骨干担任示范人员，并向其明确示范的内容、目的、方法、标准和要求，而后严格组织训练，使其动作熟练准确，真正成为受训者学习的榜样。在示范分队（人员）训练的过程中或结束后，教练员应与其进行同步试教，共同熟悉作业程序，掌握示范、解说的时机和方法，达成相互间的默契配合，以提高示范效果。例如采用电化教育手段实施示范作业，还应将示范作业过程摄制成录像或制成多媒体课件。采用电化教育手段对场地、天气的要求不高，只要有电视、录像设备在室内就可以进行，而且将某一训练内容制成多媒体课件后，可使用较长时间，同时，这种教学手段还可激发受训者的兴趣，有利于提高示范作业的效果。二是示范时要严密组织作业，教练员应在示范分队（人员）示范前，向见学人员宣布示范课目、目的、内容和要求，而后命令示范分队（人员）按计划进行示范。示范过程中视情况可对防护动作要领，一些具体的细节动作进行必要的提示说明。三是示范作业结束后要进行讲评。讲评时，应着重讲评见学情况，提出展开训练的具体要求等。

四、物资准备

物资准备是指根据“三防”训练需要，组织整修训练场地和教室，维修“三防”训练器材和装备，补充和配发训练器材、教材、教具等，保证核化生防护训练的正常进行。

（一）准备物资器材

组训者应根据核化生防护训练及教学的实际需要，周密计划训练所需的物资器材、教材，及时拟制和上报使用训练计划，领取、分发训练物资和器材、教材，组织“三防”训练器材和装备的维修。对于上级不能满足的部分，应充分利用和制作就便器材，或订购必须的器材和教材。物资器材准备就绪，应当由专人负责妥善保管，教练员应事先试用，检查教学训练器材，熟悉掌握操作程序和方法，以免临时出现问题，影响教学。

（二）整修设置训练场地

训练场地通常由上级负责建设、使用、管理、调配和维修。分队应根据核化生防护训练内容的需要，结合年度、阶段训练任务，统筹规划，整修和设置上级分配的训练场地，力求节省经费，做到一场多用。设置场地时，应充分利用各种就便器材和上级下发的制式器材，改造地形，加修工事，以满足核化生防护训练内容的需要。

第二节　核化生防护训练的实施

核化生防护训练通常按课目进行，训练中应当遵循训练规律，从提高训练效果出发，按照先理论、后操作，先基础、后应用的顺序展开训练。

一、理论学习

理论学习，通常在动作练习前进行，也可穿插在动作练习中实施；通常由分队军官组织实施，也可由“三防”骨干组织进行。其目的是使士兵掌握有关的核化生防护理论知识、动作及训练规律，以指导对核化生防护训练动作的练习。理论学习应当循序渐进、形象直观，学习的方法，应针对士兵文化基础及“三防”训练保障情况，采取讲课、自学的方法实施。但在组织实施时，应做到三个结合：一是讲解与自学相结合。讲解应在士兵自学的基础上进行，主要是讲重点、解疑点，特别是一些理论性较强而又不便于练习的内容，如核、化学、生物武器的原理、战斗性能、伤害特点等，一定要在理论上讲清楚，让士兵弄清是什么、为什么、怎么办。讲解时应做到语言精炼，通俗易懂，富有启发性；同时又要发挥士兵有文化、理解能力较强的优势，对一些相对比较简单、便于掌握的理论应通过士兵自学来解决，以便有较多的时间确保重点、解决难点。此外，还应当充分发挥“三防”骨干的作用，协助教练员对一些比较难以理解的理论问题进行辅导。二是讲解与练习相结合。理论学习中，对于动作练习直接相关联的内容，如有关的防护动作、防护器材的穿戴等应到现场讲解，边讲边做，让士兵看得见、摸得着、学得了。三是各种教学手段结合使用。因为士兵文化水平不一，接受能力有强有弱，因此在进行有关核化生防护知识的理论教学时，应当根据教学内容、教学对象、教学方法，做到理论讲解与观看录像、展示实物模型与自学讨论相结合，并善于根据内容及士兵的特点，采取集中讲课、分类编组讲课等形式组织理论学习，提高学习效率。理论学习的一般程序：宣布提要、指导阅读、理论讲授、组织讨论、小结讲评。

（一）宣布提要

宣布提要就是教练员向受训者宣布课目、目的、内容、时间、方法和要求，明确本课的重点、难点和应注意的问题，讲清本课的地位、作用和与其他课题的相互关系，使受训者明确核化生防护训练的重要性，端正学习动机，增强学习主动性。

（二）指导阅读

阅读就是受训者对“三防”教材内容进行预备性学习的过程，目的是对所学课题有一个初步的了解，把握“三防”教材的主要内容，明确重点、发现难点、提出疑点，为听课打下基础。教练员应给受训者明确阅读的内容、重点、要求并提出有关的问题，供受训者阅读时思考和解决，提高阅读效果。阅读时教练员应认真检查和指导，随时掌握情况，发现问题随时解决，并尽可能以各种方式解决受训者提出的问题。阅读后，以提问、讨论的方式检查阅读的效果。根据情况，通常可在授课前组织受训者进行预习。

（三）理论讲授

理论讲授是教练员通过语言，向受训者传授核化生防护知识和技能，是理论课教学的中心环节。通常以讲解的方式实施，讲解时应做到层次分明、重点突出、通俗易懂、启发性强，要充分利用实物模型、图表、电化教学、毒剂效应实验等手段进行直观教学，激发受训者的学习兴趣，增强感性认识。此外，还应善于运用设疑、提问等方式引导受训者进行思考，使其集中注意力并注意克服"满堂灌"的现象。

（四）组织讨论

在理论讲授的基础上进行讨论，指导受训者进一步消化所学知识，深化对学习内容的理解。讨论前，教练员应明确讨论题目，并根据讨论题目确定讨论编组，通常以班为单位组织实施。讨论中教练员应善于根据讨论的中心议题提出一些具有启发性的问题，引导受训者进行思考和争辩。当讨论偏离主题时，教练员应及时加以引导，必要时可重新明确讨论的题目和重点，防止走过场。

讨论中应采取自由发言与鼓励诱导、指名发言相结合的方法，启发受训者发表个人见解，讨论结束后，教练员应对讨论情况进行总结，概括发言的主要内容，对讨论情况作出评价。

（五）小结讲评

小结讲评是搞好课堂理论教学的重要环节，目的是使受训者进一步明确重点、抓住关键。其内容包括：重述题目、目的、评价教学效果、解答或重述重点理论、指出存在的问题和今后应注意的事项。小结讲评既不是内容的简单重复，也不是单纯地解答疑难问题，而是对讲授内容的高度概括和理论强化，因而教练员在课前要充分准备，课中要严密组织实施。

二、动作练习

动作练习是士兵在教练员的指导下，反复练习动作要领的过程，是士兵掌握核化生防护器材实际操作和防护动作的基本途径，是核化生防护训练的重要环节。其目的是通过练习，掌握知识、形成技能。其主要内容包括：对核武器瞬时杀伤因素的防护，个人防护器材的穿戴，消毒急救器材的操作，侦察、洗消器材的操作与使用（部分器材的操作与使用），个人简易防护工事的构筑集体防护工事的使用，核、化学、生物武器袭击后果消除，中毒急救等。因此，在进行练习时，一是要根据不同训练课目的特点，遵循由简到繁、由易到难、循序渐进的规律；二是要坚持分步细训、以精为主的思想，切实在反复练习上下工夫；三是讲究方法，善于根据课目的特点、训练内容和受训者的情况，灵活地采用体会练习、模仿练习、分组练习、集体练习和评比竞赛等方法组织练习。练习中，不但要提倡苦练精神，而且要讲究方法，不断鼓舞受训者的练兵热情，提高练习效果；四是严格标准，贯彻训战一致的原则，严格按条令、条例、教程、操作规程、成绩评定标准衡量受训者的个人动作，及时发现和纠正问题，使受训者的动作达到标准、规范的要求。

核化生防护动作练习通常可按照理论提示、讲解示范、组织练习、小结讲评的顺序进行。

(一)理论提示

理论提示就是教练员针对核化生防护训练内容,有重点地提示有关理论,目的是使受训者掌握理论,明确地位、作用。例如就利用工事对核武器瞬时杀伤因素的防护这一课目进行训练时,在理论提示的过程中,可向受训者讲清楚工事对核袭击防护效果,以及应采取的防护动作,使受训者明确这一训练课目的目的、要求。理论提示通常可采取讲述、提问、讨论等方式进行,有时还可采取讲解与演示相结合的方法进行。

(二)讲解示范

讲解示范,即对防护动作要领的讲解示范,是传授防护动作技能的重要环节。通常由教练员自己讲授,有时也可由“三防”骨干或预先培训的示范人员讲解示范,或者由教练员讲解动作要领,“三防”骨干或所培训的示范人员做动作。通常情况下,无论采用何种讲解示范的方式,都应首先进行连贯动作的示范,给受训者一个完整的动作概念。而后,再边讲动作要领、边进行示范动作,要领讲到哪里,动作示范到哪里,使讲解与示范有机地融为一体。最后,再进行连贯动作示范,以进一步加深印象。讲解示范时,根据情况还可采取分解讲、做和正误对比的方法进行。教练员在讲解防护动作要领时,不仅要将教材中规定的一些基本防护动作要领传授给受训者,还应当把自己在防护训练中总结、摸索出来的经验传授给受训者。由于“三防”训练与分队平时所组织的其他课目的训练差别较大,平时接触较少,受训者对于动作要领的领会和掌握需要一定的过程,仅靠一次讲解示范通常难以达到目的。因此,教练员在组织练习中应当不厌其烦、反复进行讲解示范,不仅要在练习前进行讲解示范,而且要在练习中反复讲解示范,把讲解示范贯穿于训练的全过程。

(三)组织练习

组织练习就是教练员在讲解示范有关的防护动作后有计划、有步骤地运用各种训练方法组织受训者进行的练习,是受训者掌握核化生防护技能的关键。组织练习前,教练员应当向受训者明确练习的方法、步骤和要求,区分训练场地。练习中应根据不同的训练内容、不同的训练时节,灵活采取不同的练习方法。同时,应当认真检查、及时发现并纠正防护训练中所存在的问题,指导受训者掌握正确的防护动作。纠正问题的方法依情况可采取对比纠正、诱导纠正、分解纠正等。纠正问题时,要注意具体帮助受训者分析错在哪里、为什么错、应如何克服。核化生防护训练体力消耗大,特别是在穿戴防护器材的情况下进行训练,体力消耗更为明显。此时,教练员应加强训练中的思想工作,积极开展评比竞赛活动,激发受训者的训练热情,提高训练效果。

(四)小结讲评

在每个课目或每个动作训练结束后,应根据作业情况进行简明扼要的小结讲评,讲评作业情况、指出存在问题,明确努力方向。

三、检查验收

检查验收是检验核化生防护训练质量的重要环节,通常在课目训练结束后进行。考核应当按照分队“三防”基础考核和成绩评定标准严格进行。考核成绩要登记造册、公布存档，并作为受训者评功评奖的一个依据。对于验收成绩不合格者，应及时组织补训，直到合格为止，确保“三防”训练质量的落实。

第三节　组织核化生防护训练时应注意的问题

一、要切实重视核化生防护训练

高技术条件下的局部战争，不仅核、化威胁将继续存在，而且在战场上还有可能面临化学类非致命性武器及战场次生核化危害的威胁，核化生防护训练仍然十分重要。对于防护训练，平时是战时的基础，只有平时抓好防护训练，战时才能有效地实施防护。防护训练水平的高低将直接影响到部队在核、化环境中的作战能力，甚至有可能影响作战的成败。因此，在平时的训练中，从指挥员到每一个士兵都必须对核化生防护训练引起充分的重视。首先，要解决训练中的认识问题。要克服“核、化学、生物武器使用可能性不大”“核化生防护训练就是戴戴面具”的偏见认识，树立“有备无患”“预有准备”“从最困难的情况出发”“在干中学”等思想，解决不想训、不愿训、不敢训的思想问题。其次，要克服“一相情愿、点缀式”“常规加防护”“简单化”的训练情况，训练中应从难、从严、从实战出发设置有关的核、化、生情况。第三，在训练前分队指挥员应充分做好各项准备工作，根据训练大纲、训练计划以及上级的有关指示，将核化生防护训练落到实处，做到训练时间、训练内容、训练质量三落实。同时，分队指挥员还应注重加强自身对分队防护组织指挥能力以及分队防护训练施训能力的锻炼。最后，作为每一名士兵应当对核化生防护训练的作用、意义有明确的认识，把核化生防护训练作为自身的一种自觉行动，在训练中认真体会动作要领，切实掌握核化生防护训练技能，而切忌跑龙套、走过场，把核化生防护训练视为可有可无的东西。在整个分队上下形成一种人人重视、人人参与核化生防护训练的良好氛围。

二、要处理好训练内容多与时间紧的关系

核化生防护训练所涉及的内容较多，既有理论学习又有动作练习；既包括个人防护动作，也包括集体防护动作；不仅有对核武器的防护，而且有对化学、生物武器的防护，内容涉及侦、防、消、救等几个方面，但是进行训练的时间非常有限(通常为 3 天)，训练内容多与时间紧之间的矛盾非常突出。要解决这个矛盾，需要注意以下几个方面的问题。

(1)要处理好全面和重点的关系。由于时间紧、内容多，因而不可能在短时间内对核化生防护训练所涉及的内容，进行面面俱到的训练，而应当合理分配训练时间，在确保对一些必须加以熟练掌握的核化生防护技能进行重点练习的基础上，才顾及到其他方面的训练。训练的重点不仅要依据训练大纲、训练计划以及上级的有关指示来加以确定，而且还应当结合本单位防护训练的实际情况，对一些薄弱环节进行有针对性、重点的训练。

(2)不能孤立地抓“三防”训练，而要将其放在合同作战全局之中，注意“三防”基础训练与应用训练的有机结合，这样其训练效果才能有效可行，而且也能有效地解决训练内容多、时间紧之间的矛盾。

“三防”基础训练使全体指战员学会了个人和集体的防护技能，提高了分队群侦、群防、群

消、群救的能力。但是要使所属人员能正确、熟练和长期地使用“三防”器材和工事防护设施，还应当广泛地开展防护的应用性训练。通过与防护有关的各个课题内容（如射击、观察、军体、通信、驾驶以及其他各种技术操作作业和战术演练的课题）的训练，使全体指战员巩固和提高核化生防护基础训练成果，把防护与各项技术动作和战术行动有机结合起来，使防护训练贯穿于各种技术、战术训练中，培养全体指战员在防护条件下的耐力和有效完成作战与作业的能力。训练中应立足于核化生条件下作战和防护的需要，加强指战员在各种不同遭敌核、化学、生物武器袭击情况下的适应性训练，并创造条件在实际或模拟的核化生环境下进行训练，使防护与作战以及战场上各种行动能有机结合，借以达到在核化生的任何条件下都能根据需要灵活、熟练、有效地实施防护。此外，还应结合养成教育，加强指战员防护条件下耐力的训练。

三、要注意培养“三防”教员，发挥“三防”骨干的作用

连队的“三防”组织通常由3～4名“三防”骨干组成。“三防”骨干经过专门的培训，懂得分队个人和集体使用的防护器材、设施的操作使用与维护保养，以及“三防”组织如何开展工作，平时协助指挥员指导“三防”训练，在战时是协助指导核化生防护的骨干力量。因而，分队在实施核化生防护训练时，一方面应注意发挥“三防”骨干的作用，充分调动其积极性，让那些具有一定的组织训练能力的“三防”骨干在训练中担任教练员，负责分队的核化生防护训练，“三防”组织的其余成员则协助指导核化生防护训练。在训练场上形成一种官教兵、兵教官、兵教兵的群众性练兵热潮。另一方面，在平时应注重锻炼和培养“三防”骨干协助分队指挥员组织和指导所属分队“三防”训练和战时防护的业务指导能力，着眼于使其成为分队指挥员组织和指挥所属分队实施防护的得力助手。同时，在训练中还应注意观察、发现训练成绩好，又有较强的组织训练能力的战士，将其作为“三防”教员的“苗子”加以重点培养。

四、要切实搞好“三防”训练保障

做好防护训练的各项保障工作，是顺利、高质量地完成核化生防护训练任务的重要保证。搞好防护训练保障：一是各类防护训练器材、教材要按标准配发，训练中要爱护防护训练设施和器材，建立、健全行之有效的计划、请领、发放、登记、回收等各项制度。二是做好核化生防护训练场地、教室的保障，在训练中要重视电化教学，发挥电教器材的作用。三是注意做好后勤保障工作。核化生防护训练由于需要穿戴防护器材，体力消耗比较大，因而，一方面要加强伙食保障，适当提高伙食标准，加强营养；另一方面，还应积极做好医疗卫生保障，使指战员能够以健康的体魄、愉悦的身心积极投入到防护训练中去。四是注意做好政治思想工作，及时发现战士在训练中存在的各种不利于组织实施核化生防护训练的思想问题，通过耐心、细致的思想工作及时予以解决。同时，通过开展各种形式多样的评比、竞赛活动，鼓励先进，激励后进，充分调动战士参与核化生防护训练的积极性。

第六章 安全训练的组织与实施

安全训练是《安全条例》规定的一项重要工作。开展安全训练是提高官兵防范事故能力的基本途径，是部队应对突发情况，提高应急处置能力的必然要求。各单位进行安全训练时，应根据本单位的安全实际情况，结合军事训练开展安全训练，提高官兵防范事故的能力和素质。

第一节 安全训练的主要特点

1. 训用一致，便于准备

以我为主，训用一致，兵怎么练，安全工作就怎么开展，这是安全训练区别于其他训练的突出特点，并为训练准备提供了条件：一是做好信息准备。可预先掌握驻地的社情、民情、宗教和风俗习惯，以及地区性传染病或季节性疾病和常发自然灾害或地质灾害等相关信息，掌握重点目标分布情况和危害特点。二是做好预案准备。根据上级赋予的安全任务、自身武器装备、可能遇到的自然灾害和突发事件制订切实可行的安全工作预案，突出力量编成、任务分工、组织指挥、危机处理方法、保障和协同方法等内容。三是做好器材准备。根据安全工作预案，采取制式与就便结合，通用与专用结合的方法，准备必要的安全防护器材。

2. 内容多元，体系开放

安全训练具有多元化的特点，既与军事行动有关，也与和平时期的维稳处突任务相关；既可能平息可预见的“人祸”，也可能抢险很难抗拒的天灾。安全训练的内容体系是开放的，它与部队管理密切相关，与其他内容训练密切相关，因此安全训练可与管理教育结合起来，与基础训练、专业技术训练、分队战术训练和首长机关训练结合起来，采取多种组织方式，拓展训练时间和内容，增强训练的实效性。另外，多样化的军事任务离不开地方政府和兄弟部队的支持，训练中也应该走出去、请进来，充分发挥多种训练资源的综合作用，保证训练质量。

3. 涉及面广，难以把握

安全知识、技能涉及的范围很广，既涉及天文、地理、气象等自然知识，也涉及民族、宗教、区域文化等社会知识；有很简单实用的安全常识，也有技术性很强的专业知识；有常识，也有技能；有技术，也有战术。在这么多内容中，选取哪些？讲什么？练什么？哪些是了解知识，可以一笔带过，哪些是训练重点，必须精讲细练。在时间紧、内容多的情况下，这个问题若得不到合理解决，就会失之偏颇，“重心移位”，达不到训练目的。

4. 常抓不懈，注重细节

《安全条例》第三条指出：“安全工作是军队建设经常性、综合性的基础工作，是圆满完成各项任务的重要保证”。这一规定揭示了安全工作全时空、全员额、全过程的特征，是一个系统工程、基础工程。安全管理应当渗透到部队建设的方方面面，贯穿于各项工作和任务的全过程。安全训练也应该遵循这个安全工作的基本规律。预防事故工作有一个“海恩法则”，一起造成了严重伤害的事故背后，必然有29起轻微事故和300起事故隐患。预防事故的关键就是要查找事故隐患背后的根源，把事故消灭在萌芽状态。这就决定了安全训练要踏踏实实、重视细节，好大喜功、搞形式主义的做法是行不通的。

5.基础薄弱，保障困难

虽然安全训练是第一次编进大纲，但相关内容我们并不陌生，只是以前的认识和理解是零碎的，这不能适应安全训练的需求，安全训练必须是以系统、严谨、科学、合理的态度组织训练。目前，组训者没有系统的资料，并缺乏配套的教材和装备，对这方面的知识准备也很薄弱，训练组织的难度很大。另外，训练消耗大，经费保障不到位，也制约着训练发展。例如灭火器的使用，如果每个战士实做一次，经费压力是很大的，这是此训练内容得不到落实的主要原因。因此，这些困难都需要在训练中克服。

第二节　安全教育训练的主要内容与方法

《中国人民解放军安全条例》对部队安全教育训练的内容和通常采取的方法进行了清晰的界定和明确的规定。

一、安全教育训练内容

安全教育训练主要包括安全基本知识、安全防护技能训练、应急处置演练等内容。

(一)安全基本知识

安全基本知识是所有部队、每个军人都要训练的内容，是安全训练的基础。

1.安全法规

法规学习是安全训练的基础，学习安全法规是为了熟悉军队安全法规的主要内容，了解国家安全法规的相关知识。

应知应会的安全法规主要包括《中国人民解放军安全条例》《中国人民解放军保密工作条例》《中国人民解放军预防犯罪工作条例》以及与国家和军队安全工作有关的其他法规、各单位下发的相应的安全工作实施细则。各单位在进行安全教育和训练中，应该根据岗位需求，学习国家相关的安全法规，特别是与专业有关的安全法规。

2.安全管理

各单位要结合实际需要，吸收长期积累的安全工作经验，学习其他单位安全工作成果，把相关条目细化为操作性和实用性强的训练内容；了解安全管理工作的主要内容；军官在此基础上掌握安全教育、检查督察、安全形势分析、风险评估、预测预警、军地协作、事故预防与控制以及事故调查与处理的方法。

安全管理的主要内容包括安全管理工作特点、安全教育、检查督察、安全形势分析、事故发生的基本规律、事故预防与控制、事故调查与处理、风险评估、预测预警等。

3.安全常识

使官兵了解常见事故的主要特点，熟悉做好预防工作的基本要求，掌握事故预防、紧急避险、事故处置的基本知识。

安全常识的主要内容包括车辆安全、用电安全、烧伤预防、冻伤预防、淹亡预防、中暑预防、雷击预防、煤气中毒预防、食物中毒预防、动物咬伤预防、传染性疾病预防、高原反应预防等。

4. 训练安全

使官兵熟悉军事训练中安全工作的基本要求，掌握训练实施过程中的安全防范要领；军官在此基础上，熟悉军事训练中安全工作的主要内容、特点，掌握训练安全形势分析、安全风险规避的基本知识。

训练安全的主要内容包括共同训练安全、实装操作训练安全、合成训练安全、基地化演练安全、实弹发射安全等。

5. 信息安全

在信息化军事斗争中，信息安全的任务比以往任何时候都更为艰巨。

信息安全的主要内容包括计算机及网络系统安全、涉密载体安全、通信工具安全、电磁频谱安全、密码安全等。

6. 突发事件

使官兵了解各类突发事件主要特点和应急处置要求；军官在此基础上，掌握各类突发事件应急处置程序和组织方法，提高部队多样化军事任务能力。

突发事件的主要内容包括抢险救灾、突发公共卫生事件、针对部队的群体性事件、恐怖袭击、严重暴力犯罪等。

(二)安全防护技能训练

各部队根据使命任务、专业区分和装备情况选择相关的训练内容。

1. 训练伤防护

随着军事训练改革地不断深化，训练强度和难度越来越大，如何有效地搞好训练伤防护，减少非战斗减员，保障和提高部队战斗力，成为部队官兵十分关注的问题。

其主要内容包括常见训练损伤防护、运动性血尿、重度休克、火器伤等的防护。

2. 常见事故安全防护

常见事故安全防护主要是熟悉对常见事故紧急避险及应急处置的方法，掌握常见事故防护技能，具备自救与互救能力。

其主要内容包括驾(乘)车遇险、水上遇险、动物咬伤、火灾、触电、中毒、中暑、冻伤等。

3. 核化生安全防护

使官兵掌握核化生物品管理、使用时的安全操作技能，以及使用制式防护器材和就便器材进行自我防护。军官在此基础上，掌握组织指挥核化生事故应急处置的方法。

其主要内容包括核材料的安全管理，推进剂、爆炸品等化学物品的安全管理，生物制剂的安全管理，核化生事故的处置等。

4. 自然灾害防护

使官兵了解自然灾害的基本知识，熟悉自然灾害防护的基本方法，掌握紧急避险与救护的方法；军官在此基础上，掌握组织指挥紧急避险与灾害救护的处置方法。

其主要内容包括水灾、震灾、雪灾、旱灾、台风、雷击、冰雹、泥石流、山体滑波、山林火灾等。

5. 工程施工安全防护

使官兵了解工程施工安全防护常识，熟悉施工作业安全技术规则，掌握安全防护与紧急避险的方法，熟练使用安全防护器材；军官在此基础上，掌握组织工程施工安全防护与救护的处置方法，具备工程施工风险评估及应急处置的能力。

其主要内容包括场区和道路作业、掘进作业、被复作业、支护作业、装修作业、机械施工作业、运输作业、安装作业等的安全防护。

(三)应急处置演练

应急处置训练属于安全训练的战术训练范畴，旨在提高部队处置抢险救灾、维稳处突、重大武器装备和工程施工事故等综合能力。

1. 重大武器装备事故应急处置演练

使官兵熟悉应急处置预案，掌握应急处置程序；情况判断准确，决策果断，组织指挥有力，应急救援组织周密，行动迅速，现场处置方法正确。

演练的内容和处置程序包括：①分析判断情况，启动处置预案；②编组救援力量，赶赴事故现场；③排除险情，控制事态；④组织人员救护，装备抢救；⑤组织现场处置相关保障；⑥善后处理。

2. 针对部队群体性事件应急处置演练

使官兵熟悉应急处置预案，掌握应急处置程序和基本要求；熟悉与地方协同的方法与程序，把握政策，依法处置；掌握情况判断、组织指挥、应急救援的基本方法。

演练的内容和处置程序包括：①分析判断情况，确定处置方案；②部署应急力量，控制现场；③加强重点目标安全警戒；④开展说服劝阻，防止事态升级；⑤协同地方政府和公安机关解决事件；⑥组织医疗救护、消防等相关准备；⑦善后处理。

3. 遭受恐怖袭击应急处置演练

使官兵熟悉应急处置预案，掌握应急处置程序和基本要求；熟悉与公安、武警协同的方法与程序；掌握情况判断、组织指挥、应急救援的基本方法。

演练的内容和处置程序包括：①分析判断情况，启动处置预案；②部署应急力量，控制现场；③组织人员救护，消除危险；④加强重点目标防护；⑤协同有关支援力量；⑥善后处理。

4. 抢险救灾应急处置演练

使官兵熟悉应急处置预案，掌握应急处置程序；掌握情况判断、组织指挥、应急救援的基本方法。

演练的内容和处置程序包括：①受领任务，启动应急预案；②成立指挥机构，编组救援力量；③组织物资、器材准备；④赶赴救援现场；⑤组织抢险救灾；⑥组织协同与保障。

5. 阵地工程施工事故应急处置演练

使官兵熟悉应急处置预案，掌握应急处置程序；掌握情况判断、组织指挥、应急救援的基本方法。

演练的内容和处置程序包括：①分析判断情况，启动处置预案；②编组救援力量，赶赴事故现场；③遇险人员自救互救；④勘察现场，确定技术处置方案；⑤控制和排除险情，组织人员疏散；⑥伤员紧急救护和转运救治；⑦组织现场处置相关保障；⑧善后处理。

6. 紧急疏散演练

使官兵熟悉应急处置预案，掌握应急处置程序；掌握情况判断、组织指挥、应急救援的基本方法。

演练的内容和处置程序包括：①预测预警，发布信息；②分析判断情况，启动应急预案；③

下达疏散命令，组织疏散行动；④遇险人员自救互救，伤员救护与转运救治；⑤警报解除，善后处理。

总之，通过安全训练，要使官兵牢固树立安全意识，掌握安全基础知识，熟悉部队安全规章，具备安全基本技能，为安全工作打牢基础；要使军官熟悉安全基本知识、基本技能和安全工作基本要求，掌握安全训练的组织方法，掌握多样化军事训练任务的行动要领和组织指挥方法。对于部(分)队来说，就是要制订行动预案、明确任务区分、行动方法、协同和保障要求，形成遂行多样化任务的合力。

二、安全训练的组织方法

各单位要根据自身的实际情况，采取多种训练手段，灵活施训，提高训练效益，保证训练质量。

1. 理论学习

理论学习是帮助受训者理解所学内容，启发思想，吸取新的知识，提高理论水平，掌握安全知识和技能的主要方法。在安全训练中，理论学习要充分运用事例分析，重视事故案例的警示作用，开展启发性学习。在内容设计上应由简到繁、由易到难，前后照应、层次分明，兼顾整体、突出重点，并充分发挥演示、讨论、自学和练习作用。

2. 技能操作

技能操作是掌握安全器材使用和安全防护技能的主要方法。其主要包括运用器材训练和实装训练，通常分为模仿练习、体会练习、分组练习、集体练习、分解练习和连贯练习。

3. 演示观摩

演示观摩是组织受训者到现场对学习对象进行观察研究，以获得感性认识的教学方法。演示观摩以现场观摩为主，并结合观看教学资料。目前，示范引路、演示观摩是了解安全知识、掌握安全器材的较好方法。

4. 网络训练

网络训练是指依赖计算机网络及相关设施和软件进行的训练。安全训练应充分发挥网络训练的作用，实现训练信息资源共享、降低训练成本，并可通过网络交互，实现不同要素的联合训练。

5. 模拟训练

模拟训练是指运用计算机及仿真设备、器材，模仿武器装备性能、战场景况、作战行动、非战争军事行动等手段进行的训练。模拟训练形象直观、效果逼真、组训方便、安全可靠，而且减少消耗，节省经费，应该成为安全训练的主要方法。

6. 想定作业

想定作业是指受训者在学习安全理论的基础上，按照教练员的布置或在其指导之下，在想定情况的诱导之下，依据行动原则和保障方法，对给定的情况进行处置，并完成书面习题和动作科目的训练方法。想定作业是提高指挥员组织指挥能力和首长机关谋划决策能力的有效方法。

7. 依案推演

随着最近几年抓安全工作的力度越来越大，各部队制订了各种安全预案和应急预案。依案推演就是依据这些预案开展的，或者结合现地展开的首长机关训练和综合演练，这是提高组织指挥能力、危机处理能力、保障和协同能力的有效方法，并能检验预案的可行性，对修订和完善行动预案能起到很大的帮助作用。

8. 综合演练和演习

综合演练和演习是在完成了安全理论学习、技能训练、战术训练的基础之后，实施的近似实战的综合性训练。其目的是为了提高指挥员及指挥机关的组织指挥能力，锻炼部队的整体作战能力。

在实际安全训练中，各个单位应根据训练内容，综合运用这些训练方法，做到科学组训、灵活组训，提高训练效益，确保训练质量。

第三节　安全训练的组织

安全训练的组织与实施是安全训练的一项重要内容，也是安全训练能够产生训练效益和提高个人安全素养的最重要的过程。

安全训练的组织是组训者为贯彻训练指导思想，落实训练任务，顺利进入训练实施阶段而进行的一系列组织工作。

一、制订安全训练计划

（一）制订安全训练计划的主要依据

1. 军事训练原则

军事训练原则是人们对长期以来军事训练实践经验的总结和提炼，是军事训练内容运动规律的客观反映。它不仅是指导训练和组织实施训练的基本依据，也是制订军事训练计划的基本依据。因此，制订军事训练计划，必须遵循军事训练原则，使训练计划充分反映安全训练适应部队安全需求和发展的必然规律。

2. 安全训练大纲

安全训练大纲是对部队教学训练活动的总体设计，是指导和规范军事训练内容及标准的纲领性文件。因此，制订安全训练计划必须严格按照训练大纲的要求。

3. 上级训练指示

上级训练指示是上级每一年度在开训之前给所属部（分）队下发的训练指导性文件。制订本级安全训练计划必须深刻理解上级训练指示的精神关于安全训练的有关内容，全面贯彻落实上级要求。

4. 本级首长意图

本级首长，特别是军事首长，是安全训练工作的直接策划者和组织领导者。因此，在制订安全训练计划时，必须及时了解首长意图，以使安全训练计划能够充分反映本级首长组织实施训练的意志和愿望。

5. 部队实际情况

一个与部队实际情况紧密结合的安全训练计划才能产生良好的训练效益。因此，必须依据部队的安全形势和可能担负的非军事行动任务，针对部队的训练现状、训练场地、装备器材条件和保障能力等实际情况制订军事训练计划。

(二)制订安全训练计划的方法、步骤

1. 准备资料,提出建议

准备资料是制订安全训练计划的先期准备。在准备资料的同时,要对准备的资料进行深入细致地研究,特别要认真理解上级的安全训练指导思想、本级安全训练任务、要求和安全训练重点等,提出关于本部队安全训练计划的建议,并送交军事首长审定。

2. 分工明确,各负其责

制订安全训练计划要按军事训练条例和安全条例的有关规定,做到分工明确,各负其责,各司其职。旅(团)及相当级别以上单位的安全训练综合计划,应在军事首长领导下,以司令机关为主,有关机关协助制订。营及相当级别以下单位的安全训练综合计划,必须由营长、连长或者编制职务相当于营长、连长的军事主官亲自制订。

3. 总体设计,逐项拟制

根据首长确定的基本内容和要求,通常应进行总体设计,在弄清安全训练任务、训练任务的性质、参训兵力、安全训练时间、安全训练指标的基础上,对不同专业、不同方面、不同层次的训练内容进行梳理,明确安全训练的先后顺序、训练的重点与难点、训练阶段的划分、训练要达到的主要指标等。而后,按照以下步骤逐项进行拟定。①明确安全训练的科目(课题)、指导思想、目的等;②确定训练内容,分配训练时间;③安排机动时间;④明确训练保障;⑤提出训练方法、要求和措施。

4. 审批计划,逐级下达

安全训练计划制订完毕后,应分别呈送本级首长或上级审批。未经审批的安全训练计划,不得作为组织、实施、协调、控制和保障训练的依据。经审批后的安全训练计划,必须按规定的形式和时限下达。年度安全训练计划应当下达到下一级或者下两级以下单位。阶段安全训练计划、月安全训练计划应当下达到连队及相当级别单位。周安全训练计划应当下达到排(班)及相当级别单位。专项安全训练计划下达的范围,一般应由组织专项安全训练活动的主管首长确定。

5. 执行计划,视情调整

安全训练计划经审批下达后,各级应根据计划及时进行各项安全训练准备工作。作为计划的执行者,应严格按照安全训练计划组织、实施、协调、控制和保障训练。对经批准的安全训练计划一般不得随意更改。当因特殊情况需要或在执行中遇到难以按原计划执行时,应根据上级指示,按照规定的权限对计划进行适当的调整。

(三)制订安全训练计划的基本要求

1. 注重客观性

安全训练计划的实用与否,关键在于是否符合安全训练的客观规律。强调制订安全训练计划要注重客观性,也就是强调安全训练计划必须来源于实践,又服务于实践。调查研究是制订好安全训练计划的基础。

2. 讲究严肃性

制订安全训练计划必须以科学求实的态度,严肃认真地制订。安全训练计划一旦形成,各部队和各部门都必须无条件地坚决执行。

3. 强调准确性

安全训练计划的内容如果不真实可靠，就可能产生行动上的混乱，导致安全训练的失败。因此，制订安全训练计划的依据要确切，材料要准确，任务要明确，标准要清晰。

4. 提倡灵活性

制订安全训练计划，要有一定的弹性。任何计划的制订，都不可能把一切客观事物都全面完全的反映出来，在制订安全训练计划时，必须留有余地，使安全训练计划有一定弹性，从而使计划的操作更有可行性。

二、进行安全训练教学准备

（一）研究大纲、教材，学习有关资料

1. 学习研究大纲，明确教学目的和要求

组训者在受领教学任务后，应把学习研究大纲作为首要工作，从掌握大纲的总体脉络和指导思想入手，弄清课目的目的、教学的内容、教学的方法、要求及教学的步骤等，明确教学的重点，了解所授课目在整个课题中的地位、作用，以及与其他课目的关系。

2. 熟悉钻研教材，掌握其精神实质

教材是教学的依据。熟悉钻研教材是教学准备的主要工作。组训者在教学准备阶段必须反复钻研，透彻理解教材的全部内容，熟悉和掌握教材的精神实质。

3. 涉取了解有关知识，丰富充实教学内容

组训者只有在备课过程中根据所讲的课题，多查找一些资料，多储存一些知识，才能在教学过程中，旁征博引，深入浅出，运用自如，才能更好地把自己要讲的问题讲清、讲深、讲透。

（二）调查研究，了解教学对象

教学是在教学对象原有的知识、技能水平和认识能力基础上展开的。因此，熟悉了解教学对象的基本情况是确定教学的基点，使教学切合实际。其中要弄清教学对象原有知识和技能的基础、兴趣、爱好和思想状况等情况，为制订教学的实施计划，确定施教的具体方案提供依据。

（三）研究确定科学的教学方法

教学方法是组训者向受训者传授知识、技能时采用的方法，也指指导受训者学习知识和提高能力所采用的方法。它因人而异，因课而异，在教学中应灵活运用。

（四）制订教学工作计划

1. 教学准备工作计划

教学准备工作计划是协调教学准备工作的依据。应首先列出教学准备各阶段的工作内容，而后按计划项目制表，最后在计划表内按工作程序逐项写出工作内容、起止时间、要达到的目的、工作地点和实施方法。制订计划时应突出重点，统筹兼顾，科学安排，留有余地。

2. 教学实施计划

教学实施计划应根据训练大纲、教材以及教学对象的实际情况制订，力求简单明了地反映

出组织教学活动的总体构思、具体步骤和教学方法及教学要求等。

3. 教学保障计划

教学保障计划是指完成教学任务所需要的经费、物资、装备、技术条件和教学场地(所)等的保障方案。制订教学保障计划时,一定要从实际出发,使其既能保障教学工作的顺利实施,又符合勤俭节约的原则。

(五)编写教学文书

教学文书是用于指导教学(作业)顺利进行的各种文字材料、图表的总称。教学文书的种类很多,常用的主要有教案、想定、想定作业指导法和演习(作业)实施计划等。最常用的教学文书是教案。教案是教练员按课题、课时编写的具体教学实施方案,是教练员授课的基本依据,是教练员备课中的关键,编写好教案是搞好教学的前提。为此,教练员在受领教学任务后,必须根据训练大纲规定的训练课目和内容,在熟悉教材的基础上,认真编写。教案内容的详简程度,可根据个人的教学经验、教学能力而定,以能保证教学正常有序地进行为宜。

编写教学文书是教学准备工作中重要的工作之一。因此,教练员在教学准备时,必须认真研究和编写教学文书,才能确保高质量的完成教学任务。

(六)做好教学保障

1. 选择教学场地

选定时,应根据教学课题的内容、目的、要求进行确定,既要考虑有足够的地幅,又要考虑地形条件的复杂程度;既要便于设置作业情况,还必须具备符合安全规定的条件。

2. 准备教具、器材

教学前,教练员应根据教学需要和实际条件,认真做好教具、器材的准备工作,并熟悉其使用方法。

3. 组织教学法集训

教学法集训的内容应根据本部(分)队的训练任务和训练水平而定。通常共同课目教学法集训,主要是统一训练方法、步骤,规范训练动作,明确训练路子;安全基础训练教学法集训,主要是组织班长解决在单兵训练中的重点、难点课目;分队教学法集训,主要是组织排、连、营长分别解决在组织班、排、连综合演练中的施训方法问题。

4. 培养示范分队(人员)

为配合教学,教练员应根据教学课题、内容的需要,培养示范分队(人员)。应给其明确示范的任务、时机、方法和达到的标准要求。要根据教学程序有计划地传授有关理论知识和运用要领,进行严格训练,使其成为训练的标杆和样板。

5. 培训模拟分队和情况显示人员

模拟分队和情况显示人员,应根据课题性质、内容需求进行培训。使他们熟悉模拟(显示)区域情况,学会和掌握各种器材的使用、操作方法,明确情况显示的时机,做到模拟形象逼真、显示及时准确、行动协调一致。

(七)组织试讲、试教

试讲、试教作为实际教学的预演,应结合实际的教学场地、教学器材,按照实际教学的程序和要求进行。综合演练课题的试教还应结合示范分队，在模拟分队和情况显示人员的配合下进行。通过试讲、试教，教练员要做到三个“心中有数”：对课题目的、要求、内容的重点难点心中有数；对教学方法和时间安排心中有数；对所需教具、器材、装备和演示（示范）方法心中有数。试讲、试教通常在上级组织下，有关领导和教员参加，每个教练员可试讲、试教全部内容，也可试讲、试教某一重点内容。试讲、试教结束后要对试讲、试教的全过程进行评价，对不过关的教练员，应帮助分析原因，找出问题的症结，继续准备，直至达到要求方能进行教学。

第四节　安全训练的实施

安全训练实施是完成安全训练任务和提高官兵防范事故能力的基本途径，是部队应对突发情况和提高应急处置能力的主要手段，是安全训练的领导者、教练员和部（分）队经过充分的训练准备后，按安全训练计划规定的内容、时间、方法、质量标准等所进行的有组织的实施活动。

一、安全基础课目训练

（一）理论学习

理论学习通常在动作练习前进行，也可穿插在动作练习之中实施。其目的是使受训者掌握有关的理论知识（常识）和动作原理，以指导动作练习。

1. 宣布提要

宣布提要就是教练员向受训者宣布课目、目的、内容、时间、方法和要求，明确本课重点、难点和应注意的问题，讲清本课的地位和作用，与其他课题的相互联系，使受训者正确认识学习的目的、意义，端正学习动机，增强学习的主动性。

2. 阅读教材

阅读教材就是教练员开始讲课前，组织受训者对教材内容进行的预备性学习。通过阅读，使受训者了解教材的主要内容，明确重点，发现难点，提出疑点，为听课打下基础。阅读前，教练员应向受训者明确阅读的内容、重点、目的、时间、方法，并提出要求。阅读完毕后，教练员应以提问的方式检查阅读效果。根据实际情况，也可在授课前组织受训者进行预习。

3. 理论讲授

理论讲授就是教练员通过语言和其他辅助手段向受训者传授知识和技能，是理论教学的中心环节。理论讲授通常以讲解的方式实施，即按照是什么、为什么、怎么办的顺序进行，有时也可按问题式的方法进行讲解。讲解时应做到层次分明、重点突出、逻辑性强，语言精炼、通俗易懂、方法灵活、启发性强，并要充分利用实物、模型、图表、电化教学和实验手段进行直观教学，此外，还应善于运用质疑、提问等方式引导受训者积极思考，提高其注意力，克服“满堂灌”的现象。

4. 组织讨论

组织讨论就是在理论讲授之后，组织受训者围绕中心议题广泛发表见解，陈述观点，阐明理由，大胆争辩。其目的是进一步消化理论，扩展延伸知识，提高分析问题的能力。为搞好讨论，教练员应明确讨论题目，并给受训者一定的时间进行准备，再组织讨论。讨论通常以班为单位进行。讨论中，教练员要鼓励受训者积极发言，敢于提出问题，发表不同意见，并要围绕重点问题进行，防止走过场。讨论结束时教练员应进行抽测提问，讲评讨论情况。

5. 小结讲评

小结讲评是教练员对理论学习的内容进行归纳小结和对教学情况的评价。小结讲评的内容包括：重述题目、目的；归纳理论学习内容的要点，解答受训者提出的问题；评估教学情况，表扬好人好事，指出存在的问题和今后应注意的事项等。小结讲评既不是对内容的简单重复，也不是单纯的解答疑难问题，而是对讲授内容的高度概括和理论的强化。因此，教练员在课前要充分准备，课终严密组织实施。

(二)动作练习

动作练习是受训者在教练员的指导下，反复练习动作要领的训练活动，是受训者掌握基础安全技能的基本途径，是安全基础训练的基本环节。其目的是通过练习，使受训者掌握知识、技能和技巧。

动作练习课通常按下列步骤组织实施。

1. 练习准备

动作课的练习准备是指将受训者带到预定训练场后所进行的课前准备。其内容包括：整队报告、整理着装；携枪时组织验枪、验弹；有首长在场时向首长报告。必要时还应组织活动身体，但时间不宜过长，一般为 10 分钟左右。而后宣布课目、目的、内容、时间、方法等，并根据训练内容及气候情况，有针对性地提出训练要求。

2. 练习实施

动作课的练习实施通常按理论提示、讲解示范、组织练习、小结讲评的顺序进行。

(1)理论提示。理论提示就是教练员针对本课训练内容及已学过的知识，有重点地提示有关理论，目的是使受训者巩固已学过的理论知识，并以理论指导即将练习的动作。理论提示通常可采取讲述、提问等方法进行。

(2)讲解示范。讲解示范就是教练员按照条令、教材规定的动作，讲解并示范，将要练习的内容以准确熟练的动作，直观形象地展示给受训者，使其获得必要的动作表象。讲解示范是传授动作技能的重要环节。通常教练员应自己讲解和示范，有时可由预先培训好的示范人员或基础好的骨干做动作。讲解示范一般采取三种方法：①先讲解后示范；②先示范后讲解；③边讲解边示范。无论采用何种讲解示范方法，都应先进行连贯动作示范，以给受训者一个总体印象；然后再边讲解动作要领边示范动作，要领讲到哪里，动作示范到哪里，使讲解和示范融为一体，使受训者听懂弄清；最后再进行一次动作的连贯示范，以进一步使受训者加深动作的印象。讲解示范时，根据情况还可采取分步讲解、正误对比的方法进行。由于受训者对动作的领会和掌握需要一定的过程，仅靠一次讲解示范是难以使受训者完全掌握动作要领的。因此，教练员在组织练习中要不厌其烦，反复地进行讲解示范，不仅要在练习前进行讲解示范，更要在练习中反复地进行讲解示范，把讲解示范贯穿到训练的全过程。只有这样才能使受训者迅速准确地掌握各种动作要领，提高训练效果。

(3)组织练习。组织练习就是教练员根据讲解示范给受训者建立的动作表象，组织其进行练习，是受训者掌握技术和技能的关键。组织练习的方法，根据不同的目的有模仿练习、体会练习、分解练习、互助练习、集体练习等。无论采取何种方法，都应本着由易到难，由简到繁，先分解后连贯，先分步后综合，循序渐进，逐步提高的原则进行。在组织练习过程中，要认真地检查、及时发现和纠正问题，指导受训者掌握正确的动作要领。纠正问题的方法依据情况可采取对比纠正、诱导纠正、分解纠正等。纠正动作时，要注意先指出优点，后指出缺点，多鼓励少批评，帮助受训者具体分析错在哪里，为什么错，应如何克服，使受训者愿意并自觉改正。

(4)小结讲评。一个动作练习结束时，应根据练习情况进行简要小结，讲评练习情况，指出存在的问题，明确努力方向。

(三)总结讲评

每个课目训练结束时，教练员对所学内容进行归纳总结和对训练情况进行评价。总结讲评的内容主要是重述课目、目的、内容，讲评训练情况，表扬好人好事，指出存在的问题及今后努力的方向，提出下一步训练的基本要求等。

二、安全基础课目检查验收

检查验收是检验训练质量的重要环节，通常在单个课目训练结束后或者阶段性训练结束后进行。检查验收通常由连以上单位组织实施，严格按考核标准和训练要求进行。考核成绩要登记造册，公布存档，并作为受训者评功受奖的依据。验收成绩不合格者，不计入个人成绩，只作为讲评参考。对于验收成绩不合格者，应及时组织补训，直到合格为止，确保训练质量落实。

第七章　野外生存训练的组织与实施

野外生存是指在食宿无着的特殊环境中生存与自救的活动。现代战争的残酷性、复杂性、连续性和参战人员所处的作战环境多样性的特点，增加了班、排等小分队脱离主力部队而单独执行穿插、渗透、机降等任务时的艰巨性。因此，对每一名战斗员来说必须学会在这种特殊的环境下，求得生存与自救的基本方法，同时也是对作为一名指挥员的现实要求。

在信息化战争中，是否具有良好的野战生存能力，是否保持最佳的作战状态，是取得作战胜利的关键，这就对新一代的战斗员提出了更高的要求。因此，在野战生存训练过程中，必须结合现代作战的特点，有针对性的组织，严把训练质量关，达到预期的训练目的。

第一节　野外生存训练的特点和要求

野外生存训练是一个特点十分鲜明的实践活动，具有实践性、针对性、系统性、规范性四大显著特征。

一、实践性

实践性是野外生存训练最基本的特征。该训练是直接为战争训练服务的，训练的各个环节都必须经得起战争环境的考验，不切实际的考验必将在实践中造成血的教训。这就决定了野外生存训练是一种实践性很强的活动，是将战斗理论转化为战斗力的必不可少的步骤。通过各个科目的训练，足以体现出立足实际，注重实效，增加训练的各种实践性环节，才能提高作战技能，掌握实际能力，达到军事过硬，深化所学理论的目的。

二、针对性

野外生存训练的需求是具有指向性的，各部队的作战任务也不尽相同，这就决定了野外生存训练必然具有很强的针对性。训练的针对性是未来战争对训练提出的具体要求，包括针对现代战争的高技术化，提高训练内容的科技含义；针对军事斗争准备的现实需要，紧密结合训练任务；针对复杂的战场环境，突出实战化、野战化训练；针对部队全面履行职能的需要等。

三、系统性

因野外生存训练所遇情况复杂，对于各项体能、生存技能及心理素质均有着较高的要求，因此在训练过程中应科学安排系统筹划，从不同的角度，逐层揭示各种情况特点，使战斗员从易到难，由浅入深，逐步从认识、理解、把握到熟悉野外生存训练的各个科目，从而达到提高实战训练的效果。

四、规范性

野外生存训练自身的训练内容和目的要求其具有很强的规范性。组织科学，规范实施，才便于管理和观察训练情况，可以有力保证训练的安全。对于野外生存训练，应始终坚持明确训练目的、制定规范制度、科学严密实施、建立安全保障体系以及完善训练的善后工作，在这些规范的策划之下，训练才能达到预期的目的。

第二节　野外生存训练的内容和目的

野外生存训练的主要内容是生存技能的掌握，包括心理锤炼、健身功能、竞争意识、生活技能、战斗精神、团结协作、卫生保健、安全急救以及饮食与营养，等等。开设野外生存训练的目的是培养战斗员良好的处理危机的心理素质和对战场的适应性，因此，必须遵循健康教育和素质教育的规律。

野外生存训练内容包括：在野外基本生活条件下的技能学习，如野营、野炊、负重行军、攀岩、岩降、定向、漂流涉水、穿越丛林、搭绳过涧、觅食、取水等简单生活用具的制作；野外险情的处置；气候、地形等危险因素分析；野外伤病的自救与互救、常见疾病及创伤的预防、紧急救援方法；野外应急措施、野外求救信号的发放与接收等。野外生存训练具有人员多、时间长、地域广、环境艰苦、组织保障难度大的特点。野外生存训练不单纯是强身健体和心理锤炼的过程，还必须对战斗员从生活技能、卫生保健、安全急救、天文地理等方面的知识进行传授和意识品质的培养，全面提高战斗员的走、打、吃、住、藏、通、管等综合能力，把练战术与练战备观念相结合、练体能与练意志相结合、练指挥与练作风纪律相结合，从而有效缩短训练与实战的差距，使学员从训练场直接走向部队和未来战场。

在高度发达的信息时代，对于军人来说，野外生存是其必须掌握的一项重要本领。对于军校的未来军官来说，野外训练不仅是知识和技能的培养，更是体魄和心理的磨炼。通过训练，受训者不仅体质可以得到增强，心理素质也可以得到提高。通过训练在实践中尽快学会野外生存的基本方法，掌握野外生存的基本技能。根据作战部队担负的作战任务不同进行密切协作，利用部队所处地理环境，收集在野外生存方面的有利条件和成功经验，为实战做好准备。

第三节　野外生存训练的组织与实施

野外生存训练的组织与实施是训练的一项重要内容，也是体现训练效果的最重要的过程，对提高组训者的组训能力起到促进作用。

一、训练计划的制订

野外生存训练实训活动必须有充分的策划准备，详细且完整的策划方案是野外实训的重要前提。俗话说：“良好的开端是成功的一半”。在开展野外生存训练之前，必须制订一个详细的训练计划。制订计划一方面是使训练的目的性明确，即确定训练内容，另一方面可以帮助组训者考虑得更周全。计划的周密与否直接影响到训练开展的效果，一个完整的野外生存训练计划应包括：

(1)训练的目的、类别、对象与时间。

(2)训练内容计划。

(3)地点、线路及环境与气候说明。

(4)所需设备、设施、物品与经费预算。

(5)风险评定与安全预案。

(6)组训者工作分工与受训者分组。

(7)线路遴选、勘查与设备准备。

实践表明,完整的计划方案有利于实训各项工作的准备,在完全陌生与复杂的环境当中,策划方案可以成为实训工作的行动指南。

二、训练前的准备和督导

确定了野外生存训练计划,下一步便是着手进行各项准备工作。准备工作包括:针对训练项目的专项技术和体力的锻炼,物资装备以及食品的整理、筹措,训练地域的确定等。

(一)方案的制订

野外生存训练前应根据训练计划结合参训人员、训练场地、训练装备、天气状况等方面的实际情况,制订出全面、细致、行之有效的训练方案。

(二)思想动员

训练前的思想动员主要解决两个问题:①端正训练态度,保证安全;②发现和解决不利于训练的各种心理因素,使受训者在增加对保护工作信任的基础上充分发挥勇敢顽强、勇于探索的革命精神,保质保量地完成训练任务。

(三)人员物资装备和食品的准备

训练开展,首先训练人员体能上要有储备,然后特殊装备或时间较长活动,如登高山、漂流等需要认真作好准备工作,根据人数和训练时间列出所需各种物品的清单,最后逐一进行准备。装备及救助器材是实施野外生存训练安全保障的必要条件,因此,训练者在野外训练之前,要根据训练计划的具体项目认真准备所需器材与装备。为保证训练过程的安全性,训练实施前一定要自觉养成逐一检查所用野外生存训练装备的习惯,排除安全隐患,一旦发现隐患应及时给予更新或替换。

(四)地域的选择

选择适宜的训练地域是开展野外生存训练的先决条件,对于一个即将实施训练的地域,要充分了解该地域的特点,并对易发生危险的位置作出预测,以便在训练过程中及时采取有针对性的措施。一般在选择地域时注意以下几点:第一,要把安全因素放在第一位,在选择野外生存训练地域时,一定要考虑到自然地质条件的复杂性,并结合实际情况进行选定。第二,所选地域要有代表性,是战场上经常出现又必须去克服的典型地形。

对于训练场地的勘测,应该在训练前一周左右就派出组训人员前往训练集结地点进行实地的考察。①尽快与当地的政府部门取得联系,由他们介绍本地地域和天气变化的基本情况;

②选派一部分熟悉野外环境的同志亲自进入其中了解情况，取得详实的第一手资料。

（五）训练前期的督导

（1）专项技能训练的督导。例如野外宿营、野炊、野外行军、体能训练、求生处理方法等训练都应在资深教员的指导下进行，这样更能达到训练目的。

（2）人员、物资装备和食品准备情况。任务明确到人，各负其责。

三、训练的组织实施

（一）培训一支骨干队伍

由于部队、院校开展训练时往往人数较多，而专业指导训练的教学力量相对较少。那么，在大面积展开训练之前，教员有必要先培训一支骨干队伍。对骨干队伍进行相关事宜的讲授以及野外应该注意的事项，通过培训使骨干们能具备一些基本的野外生存技能，能在野外使训练开展的更好。

（二）编组

编组的目的主要是为了合理运用区别对待的教学原则，突出训练的重要环节，克服和解决训练过程中出现的难点，最终提高训练效果。在进行训练时，一般应根据受训官兵的各自特点，把不同能力水平或不同技术水平的人员平均编到某一组，利用“合作式”方法来促进整体训练效果。

（三）训练阶段划分及行动方案和应急预案

野外生存训练过程可分为基础训练阶段、专项训练阶段和实地训练阶段三个阶段。行动方案要细致具体，例如人员的分工，所需要的物资、着装，行进的路线、速度、时间，宿营地点、休息时间，通信联络的方法，信记号的规定等。应急的预案包括：迷路，遭遇各种危险，人员受伤后的紧急救援与寻求救护的方法等。

（四）专项训练

1. 野外宿营及野外求生

（1）宿营地点的选取。选择露营地应根据敌情、地形情况而定。通常应具备下列条件：①有一定的地幅和良好的地形，便于疏散、隐蔽、配置和休息；②有良好的进出道路，便于机动和迅速投入战斗；③有充足的水源和较好的卫生条件；④避开洪水道、油库、高压电源和易崩塌的危险地点，以免造成不必要的伤亡；⑤避开严重的沾染区，以便卫生防疫；⑥夏季要尽量选择在比较干燥、地势较高、通风良好、蚊虫较少的地区，避开谷地、低地的地方；⑦冬季应选择在避风向阳处，土质较黏，便于搭建宿营帐篷的地方。

（2）野外求生训练。野外求生训练的必备技能：搜寻食物；寻找水源；探索道路；工具的使用与自制方法；应急情况处理。俗话说：“人可一日无餐，不可一日无水”。可见人们非常清楚水对人的生存有多么重要。然而，不洁净的水中经常会带有一些致病的物质，如变虫痢疾、伤寒、血吸虫、肝蛭、霍乱等有毒的病菌，以及腐烂的植物茎叶，昆虫、飞禽、动物的尸体及粪便，有的还可能会带有重金属盐或有毒矿物质等。因此，在极度干渴之际找到水源后，最好不要急于狂饮，应就当时的环境条件，对水源进行必要的净化消毒处理，以避免因饮水而中毒或传染上疾病。

在许多干旱的沙漠、戈壁地区，生长着桂柳、铃铛刺等灌木丛，这些植物告诉我们，这里地表下6～7米深就有地下水；有胡杨林生长的地方，则指出地下水位距地表面不过5～10米；茂茂草指示地下水位于地表下2米左右；茂盛的芦苇指示地下水位只有1米左右；如果发现喜湿的戴戴、马兰花等植物，便可知这里下挖50厘米或1米左右就能找到地下水。

我们还可以从植物而得知地下水的水质情况，例如见到马兰花、拂子茅等植物群，就可断定那里不太深的地方有淡水。

在南方，根深叶茂的竹丛不仅生长在河流岸边，也常生长在与地下河有关的岩溶大裂隙、落水洞口的地方。例如在广西许多岩溶谷地、洼地，成串的或成立的竹丛地，常常就是有大落水洞的标志。这些落水洞，有的在洞口能直接看到水，有的在洞口看不到水，但只要深入下去，往往能找到地下水。

在地下水埋藏浅的地方，地面潮湿，蚂蚁、蜗牛、螃蟹等喜欢在此做窝聚居；冬天，青蛙、蛇类动物喜欢在此冬眠；夏天的傍晚，因其潮湿凉爽，蚊虫通常在此成柱状盘旋飞绕。

地下水位的深浅，还可以试验。将地上挖一小坑，用盘子扣在坑底上，上面盖些草，早晨盘上有小水珠时，地下水位高。挖1米深的坑，在坑中点燃多烟的草木，若烟柱呈弯曲状升起，地下水位高。

另外，用一个塑料袋套在树枝上，将袋口扎紧，树叶蒸发出来的水分就会聚集在袋里。天气越热，蒸发量越大，得到的水就越多。利用这个方法，每天取水量可达1千克左右。还可以用塑料布收集露水。从半夜到天明这段时间里，气温逐渐下降，空气中的水分便凝结成露水，贴附在地面或植物上。早晨将塑料布铺在草丛下面，摇晃草，使露水一滴滴地落下来，积少成多。

2.野外徒步行军

徒步行军可能会在途径不同的地形中徒步，因此应该根据不同的地形特点展开针对性的训练。首先，应遵行徒步行军的原则，制订合理的行军路线做到既保证参训人员的安全又达到训练效果的目的。再者，应该做好行动方案和应急预案。方案要细致具体，例如人员的分工，所需要的物资、着装，行进的路线、速度、时间，休息地点、休息时间，通信联络的方法，信记号的规定等方案。应急的预案包括：迷路，遭遇各种危险，人员受伤后的紧急救援与寻求救护的方法等。

(1)徒步行进，一些经验可作为基本原则来遵循，并根据具体情况灵活加以运用。

1)动作要领。徒步行走不单是腿部运动，而是一种全身运动，注意通过摆臂来平衡身体、调整步伐、控制节奏，最好的行走速度是走而不喘，脉搏尽量不要超过120次/分钟，背部肩沉背挺，用腹部深呼吸，全脚掌触地，从脚跟到脚尖位移，什么时候都要按自己的行走节奏去走，不要时快时慢，时跑时停，尽量保持匀速。

2)注意事项。刚开始徒步行进时可以放缓一点，让身体每个部分都先预热，有个适应的过程，5～10分钟后才加快步伐，行走中从安全角度出发，人员之间应该保持一个合理的距离，一般为2～3米，这样可以避免有人因各种原因暂停时，例如系鞋带、脱衣服、喝水等，暂停人员与前进人员不会互相影响。一般情况下，暂停人员靠右边停留，前进人员从左边跨过，与迎面而来的其他队伍相遇时，也是按我右他左，礼貌相让通过，暂停人员与队伍的安全距离一般在白天不能超过10分钟或者200米以内，夜晚必须在5分钟或者20米以内。在行走中，要养成良好习惯，集中精力行走，不要边走边看风景，做到“走路不看景，看景不走路”。

3）选择方向。徒步行进时，尽可能将线路选择在沿河流的走向上。沿着水流向前，沿途一般都有可维持生存的资源。大多数江河最终通向大海或湖泊，除了在很少的情况下河流突然间会消失于地下，绝大多数都会为你提供清晰明确的路线。遇到河流出现分支的时候，应首先登上高地，观察河流的走向，以便沿着河流的主要流向跋涉。

在相对平坦地带，沿着河走，可以利用河岸两边的动物足迹辨别前进的方向。在热带地区河流两边小型植物茂密，河岸两边可能难以前行，如果河流足够宽阔，可以考虑制作木筏漂流。在平原地区，河流蜿蜒曲折，里弯常会形成沼泽，因此一旦观察到葱翠的草木和灯芯草类植物，则表明可能会出现沼泽地，应设法避开。

4）保持行进方向。行进时为了保持方向，要在远方选好特征物，迎着它走。穿越森林时要保持方向相当困难，可借助于指南针。如果周围环境没有突出的特征，可以用“三点连一直线”的原理保持方向，并不时检查是否正确。如果集体行进可采取替班接力前进的办法，即第一梯队先走一段路程，停下来休息时，第二梯队沿其路途向前，这样依次前进。如果独自一人应不时地回头注意自己走过的足迹，因为若是在雪地或沙地上，足迹会十分明显。最好在沿线垒起柴或石堆，这样彼此可以检查是否脱离团队原定的路线。尽可能绕过岩壁、密林和村庄，因为身在其中很难找到出来的方向。迷路时可到达高处，仔细选定接下来的路线。

5）休息。行进中的休息也要讲究方法，一般是长短结合，短多长少。一般途中短暂休息尽量控制在5分钟以内，并且不卸掉背包等装备，以站着休息为主，调整呼吸。长时间休息以心跳控制在60～90分钟/次为好，休息时间为15～20分钟，长时间的休息应卸下背包等所有负重装备，先站着调整呼吸2～3分钟，才能坐下，不要刚停下来就坐下休息，这样会加重心脏负担，可以自己或者人员之间互相按摩腿部、腰部、肩部等肌肉，也可以躺下，抬高腿部，让充血的腿部血液尽量回流心脏。应该注意，休息是主动的、积极的，而不仅仅是躺下休息这么简单。

（2）不同路况行走时应该注意的事项。

1）山地行进。山地行走经常会遇到各种岩石坡和陡壁。因此，攀登岩石是登山的必备技能。在攀登岩石之前，应对岩石进行细致的观察，慎重地识别岩石的质量和风化程度，然后确定攀登的方向和通过的路线。攀登岩石最基本的方法是“三点固定”法，要求登山者手和脚能很好地做配合动作。两手一脚或两脚一手固定后，再移动其他一点，使身体重心逐渐上升。运用此法时，要防止向上窜跳和猛进，并避免两点同时移动，而且一定要做到稳、轻、快，根据自己的情况，选择最合适的距离和最稳固的支点，不要跨大步和抓、蹬过远的点。

2）草坡和碎石坡行进。草坡和碎石坡是山间分布最广泛的一种地形。在海拔3 000米以下的山地，除了悬崖峭壁以外，大都是草坡和碎石坡。攀登30°以下的山坡，可沿直线上升。身体稍向前倾，全脚掌着地，两膝弯曲，两脚呈外“八”字形，迈步不要过大过快。当坡度大于30°时，沿直线攀登就比较困难了。因为两脚腕关节不好伸展，容易疲劳；坡度大，碎石易滚动，容易滑倒，所以一般均采取“之”字形上升法，即按照“之”字形路线横上斜进。攀登时，腿微曲，上体前倾，内侧脚尖向前，全脚掌着地，外侧脚尖稍向外撇。通过草坡时，注意不要乱抓树木和攀引草蔓，以免拔断使人摔倒。在碎石坡上行进，要特别注意脚要踏实，抬脚要轻，以免碎石滚动。在行进中不小心滑倒时，应立即面向山坡，张开两臂，伸直两腿（脚尖翘起），使身体重心尽量上移，以减低滑行速度。这样，就可设法在滑行中寻找攀引和支撑物。千万不要面朝外坐，因为那样不但会滑得更快，而且在较陡的斜坡上还容易翻滚。

3)雨季在山地行进。应尽量避开低洼地，如沟谷、河溪，以防山洪和塌方。当遇到雷雨时，应立即到附近的低洼地或稠密的灌木丛去，不要躲在高大的树下。大树常常会引来落地雷，使人遭到雷击。避雷雨时，应把金属物品暂时存放到一个容易找的地方，不要带在身上，也可以寻找地势低的地方卧到。在山地如果遇到风雪、浓雾、强风等恶劣天气时，应停止行进，躲避在山崖下或山洞里，待天气好转后再走。山地行进不要过高估计自己的体力，疲劳时就应适时休息。不要走到快累垮了才休息，那样不容易恢复体力，再走也提不起劲。正确的方法是大步走一段，再放松缓步慢行一段，或停下来休息一会，调整呼吸。站着休息时，不要卸掉装具背包，可以在背包下支撑一根木棍，以减轻身体负重。若天气寒冷，不要坐在石头上休息，石头会迅速将身体的热量吸走。

4)丛林中行进。在丛林中跋涉，有时很难找到一条现成的道路。有的只是丛生的灌木和四处蔓延的藤类植物，你只能靠你手中的砍刀辟出一条路来。开路的人要特别留意不要触动灌木丛中的蜂窝，对有巢的灌木丛绕道而行。砍掉的枝藤弃于两旁，确定不会反弹回来，砍后的断口折向外，以免伤着后面的同伴。行进中两人间保持一定距离，2～3 米为佳，这样相互之间既有照应又不至因短暂驻足影响别人。在丛林中行走，膝盖以下是最容易受到伤害的地方，因此最好将裤脚扎紧，以免被刺丛挂伤和被蛇虫叮咬。如果没有确定方向的参照物，行走一段时间后应取出指南针确定一下方向。

(五)训练后期的工作

训练后期的主要工作包括撰写训练总结、训练成果交流与展示、对参加实训人员进行考核与评价等。严谨和务实的后期工作将有助于实训教育效果的最大化。

(1)撰写训练总结。总结由实训带队教员、实训小组、实训人员分层撰写，教员要对实训工作设计与实际完成过程进行总结与评价，以期完善今后的训练工作。

(2)训练成果交流与展示。召开实训工作总结会议，交流、总结实训工作，制作 PPT，在课程网页中展示训练工作成果。

(3)对参加实训人员进行考核与评价。对参加实训人员的考核与评价必须结合课程标准、实训课程目标、实训内容决定成绩。

第四节　训练的安全管理

一、野外生存训练的安全保障

安全问题是野外生存训练需要考虑的重要问题。野外生存训练的安全问题比其他训练项目的要求更为突出，因此在选择场地、编排分组、训练实施等方面都必须从保证安全防止事故方面来考虑。特别是在对于深山老林及原始丛林等艰苦复杂的天然场地的训练，尤其要注意这一点。

加强安全教育，进行健康检查。进行训前动员，强调安全在野外生存训练中的特殊性，使部队官兵在思想上高度重视起来。强调训练时的组织纪律统一、指挥号令统一，要求官兵做到令行禁止。介绍训练场地,使每名受训者都能对训练环境有所了解。

在训练开始前要组织部队进行健康检查,凡有传染病、心脏病、高血压、癫痫病等,一律不能参加训练,而且在训练过程中也要随时注意部队官兵的健康情况。

二、建立安全保障体系

指定责任人,逐级负责。在野外生存训练时,应该注意每个小组都指定负责人,对集体全权负责。划分教学组,设立安全员。安全员最好是事先经过一定的培训,针对各个训练环节各负其责。

三、做好安全工作预案

为防止突发事故的发生,都必须将安全教育与安全防范摆在重要位置。特别是在野外实践前,必须提前制订好野外实践的安全预案,加强对学员的安全教育等,防止恶性事故的发生。

第八章　基础体能训练的组织与实施

体能是个体发展的基本条件。军事体能既对个人幸福、成长非常重要，同时也是构成军人职业素质的重要因素。军事体能训练是最大限度地挖掘和提高军人综合生物学素质的基本途径，是军事基础训练的重要内容。

第一节　军事体能训练的特点与原则

现代军事体能训练就是在专门人员的指导下，遵循人体生命科学规律，最大限度和高效率地挖掘和发展军人适应高技术战争所需求的体能潜力，保持已获得的体能素质，避免不必要的训练伤害，为打赢未来现代化战争做好生物学准备的一种专门性训练过程，是一项挖掘、提高以及保持军人综合生物学素质的系统工程。

一、军事体能训练的主要特点

现代军事体能训练的特点主要表现在以下几个方面。

(1)训练目标。现代军事体能训练的目标，就是最大限度地挖掘、提高和保持军人的综合生物学素质。一是对军人必须进行高强度的训练，将每一名军人的体能潜能挖掘出来，并将之提到很高的水平。二是对军人必须进行全面的训练，使他们的各种生物学素质能得到均衡地发展，以适应各种兵种专业、作战环境、作战样式、军事任务的需求。

(2)训练原则。"面广、简易、实用、实战"原则，既是现代军事体能训练的一个突出特色，也是我军体能训练在总体原则上的一个重要革新特点。现代军事体能训练强调了"为战而练，为赢而训"的总体思路，突出了训练内容广阔，技术动作简单易学、练习的实用性和实战性强的原则，从而使军事体能训练更具针对性。

(3)训练内容。丰富的训练内容，既是现代军事体能训练的一个显著特点，同时也是它区别于传统军事体能训练的一个重要标志。过去的体能训练内容较单一，主要强调了对士兵体力、技巧的训练。现代军事体能训练注重了对军人全面的生物学素质训练，其训练内容包含了体力、脑力、心力三大方面，不仅仅涉及常规的力量、耐力、速度、柔韧等训练，还包括心理素质、人体的神经反应速度、神经-肌肉协调、抗(大脑)神经性疲劳、抗环境干扰等特殊能力的训练。

(4)训练方法。随着时代的发展和科学技术的进步，强调科学化训练是现代军事体能训练在训练方法上所表现出来的一个重要特征。科学化训练主要体现在：①引进和应用先进的训练理论，指导体能训练实践，使训练过程更符合人体生物学规律；②讲究训练方法与手段，注重训练过程，强化训练监控，防止蛮干，最大限度地降低训练伤病；③贯彻系统性与阶段性相结合的原则，在全面、系统地设置训练内容和安排训练计划的基础上，进行分阶段、分层次实施，以适应兵役法改革的特点，尽快形成不同层（面）次上的战斗力；④使用科技含量较高的训练器材和配套辅助训练器材，提高训练的效率。

(5)组训方式。根据体能训练本身的规律，兼顾参训单位、人员、专业（兵种）、环境等方面的特殊情况，适当增加训练时间，着重强调训练效率，充分体现体能训练的普遍性、特殊性以及灵活性，是现代军事体能训练在组训方式上的一个突出革新特点。

现代高技术战争的特殊性决定了对军人体能素质的总要求，其内涵主要包括三大方面的要求：①人体最基本的生物学能力的要求，即基础体能要求；②与兵种特殊专业、特定作战任务紧密联系的特殊化能力要求，即专业体能要求；③在专业体能的基础上，与智能、技能和军事技术、战术有机结合的综合应用能力要求，即综合体能要求。现代高技术战争对军人的体能需求，是现代军事体能训练内容体系的客观依据。与之相适应，其训练内容体系由基础体能、专业体能以及综合体能三大部分构成。

二、体能训练的基本原则

军事体能训练的根本目的在于最大限度地挖掘和发展军人的体能潜能，并使指战员已获得的良好体能状态始终保持在一个较高的水平，随时适应作战的需要。要实现这一训练目标，必须遵循人体生命科学的规律和体能训练的基本原则和方法，进行科学化训练。体能训练的基本原则主要包括：自觉性原则、针对性原则、全面发展原则、超负荷原则、循序渐进原则、直观性原则、持之以恒原则等。

1. 自觉性原则

要求指战员正确认识训练的目的及意义，强化体能训练意识，自觉刻苦地进行体能训练，把完成体能训练任务变为自觉行动。尤其是30岁以上的人员，随着年龄的增长，身体就会逐渐发生较大的变化，因此更要注意自觉进行锻炼。

2. 针对性原则

在体能训练内容的设置上，要针对部队遂行的作战任务，并符合参训人员的年龄、性别、专业、岗位的要求。在组织训练上，根据部队的专业特点、驻地环境、场地器材和地区季节气候条件的实际情况进行。只有因人、因时、因地制宜地进行训练，才能使体能训练更具有针对性和有效性。

3. 全面发展原则

选择各种训练内容，运用各种教学训练方法和手段，使身体各个部位、各器官系统的机能，各种身体素质和基本能力得到全面系统的发展，是体能训练的一个重要原则。在制订训练计划和组织实施时，要特别注意合理穿插，搭配各类练习项目，选择多种项目内容，采用各种手段和方法，以保证身体得到全面发展。

4. 超负荷原则

没有负荷就没有训练，只有训练的负荷强度、训练运动量足够，超负荷训练才能换来超量恢复。尤其要注意提高训练的强度和密度，使体内生理负荷产生积累，对机体形成有效的刺激，产生训练的生物学适应性变化。例如，进行力量素质训练时，要突出大负荷强度，短收缩时间，提高肌肉的爆发力；进行耐力素质训练时，则要采用中等负荷强度，突出负荷量（持续训练时间）的积累。

5. 循序渐进原则

体能训练要注意运动负荷量的调节，防止过度训练。一方面，训练内容、方法和运动负荷的安排顺序上，应根据士兵实际的体能发展水平，遵循由易到难，由简到繁，由小到大逐步提高的原则。例如新兵的入伍训练，就应该以简单易学、中小负荷强度、全身性的素质训练为主。

另一方面，在制订和实施每日、周、月的训练计划时，应注意合理搭配高强度训练与调整训练、素质训练与技巧和柔韧性训练，消除训练负荷安排的随意性，防止过度集中或过长时间的训练，避免造成人体的过度疲劳。例如在两次大强度训练课之间，应穿插一次调整训练课；在两周连续进行负荷量训练课后，应进行一周的放松调整训练，引导机体产生“超量恢复”。在此基础上，再进行下一次强度训练。人体的体能素质就是在这种不断重复出现的“超量恢复”中得到增强。

6. 直观性原则

学习和掌握体能训练的知识、动作技术以及特殊技能，是人体建立运动条件反射(运动技能)的过程。该过程是从感性认识开始，经过刺激视、听、触觉和肌肉本体感觉，对动作进行综合分析，了解动作要点，建立清晰、完整的动作表象和概念，再经反复练习直至掌握动作。

通过感官系统，尤其是通过视觉、听觉和肌肉本体感觉，建立运动条件反射，是体能训练的一大特点。根据这一特点，注重直观教学，充分发挥现代教育技术的优势(如录像片、多媒体教学光盘等)，是现代军事体能训练教学的一个发展趋势。

7. 持之以恒原则

“消退抑制”是人体体能素质的一个重要特征。即指当通过训练而获得的体能能力，不能得到经常性的强化刺激时，原来训练的生物学“痕迹”就会逐渐自然消失，这种能力就会逐渐减弱或生疏，直至丧失。因此，为了使通过艰苦训练而获得的体能知识、技术以及特殊技能，不致降低，并要不断得到强化和提高，适应随时投入战斗的需要，体能训练就必须持之以恒。

第二节　体能训练计划概述

体能训练计划的制订是体能训练的前奏，对体能训练过程顺利进行起到了非常重要的作用。

一、体能训练计划含义

体能训练计划是在体能训练过程之前，对其预先做出的一种理论设计。在制订体能训练计划时，应尽量保证预测的准确性。但由于我军现有的管理模式及多种原因，使得部队体能训练的进行受很多因素的影响。例如天气变化、突发事件等原因都可能影响到体能训练计划的制订和实施。因此在制订和实施体能训练计划时，需要根据主、客观情况的变化而进行必要及时的调整和变更。

二、体能训练计划在训练过程中的作用

体能训练计划的制订与实施是体能训练过程的中心环节，它贯穿于体能训练的全部过程。体能训练计划的重要作用主要体现在以下几个方面：

(1)使训练目标进一步具体化，按特定要求进行练习。参训者逐一地去实现各课次的各种

形式的训练任务和要求，逐步地接近直至完成训练的总目标。

(2)统一参训者的认识和行动，更加明确所要完成的训练任务、训练目的以及达到训练目的所要采取的方法和手段，从而更好、更有效地进行体能训练。

(3)有效地控制体能训练过程，使训练者能很好地驾驭整个训练过程，从而保证体能训练过程顺利进行。

三、体能训练计划的分类

按照运动训练计划时间跨度的大小，可将其分为多年训练计划、年度训练计划、大周期训练计划、周训练计划及课训练计划。每一个上位的训练计划是由若干个下位的训练计划组合而成的。例如多年训练计划由二至十几个年度训练计划组成，属于具有全局意义的战略性的规划，计划的内容是框架式的，不需要过于详尽，它在实施过程中要求相对稳定。周训练计划是由7天或用于安排较长时间的系统训练，周训练计划与课训练计划都是训练实施的具体计划，其内容比较详细，并且在训练中有较多的变化。

在部队的体能训练中，应该根据部队的实际情况，认真选择训练计划的种类。例如从大的方面讲，在士兵服两年兵役期间，可以制订年度的训练计划。新兵3个月，可以制订大周期训练计划。从小的方面讲，可以制订每周士兵的体能训练计划以及课训练计划。

四、制订体能训练的依据

在制订体能训练计划时，对其依据分析得越全面、越深刻，体能训练计划的预测性就越准确。在制订体能训练计划时，既要考虑到实现目标的需要，又必须考虑到主、客观条件提供的可能。

1.训练目标

任何计划的制订都应该先确定目标，体能训练计划的制订也是同样的道理。例如在新兵体能训练时，3个月后应该要求新兵达到一个什么样的水平等。各兵种部队可以根据实际情况，制订切合实际的目标。目标制订的好坏直接影响着计划的制订和实施训练的过程，因此一定要重视体能训练计划的制订。

2.参训人员的现实状态

由于参训人员的基础体能素质各不相同，因此在进行体能训练前必须了解每名训练者的体能状态，这样在制订体能训练时，才能做到心中有数，能够更科学地发展体能水平。一般可以通过“调查问卷”和“训前的摸底测试”两种途径来了解掌握参训者的体能水平，从而制订切合实际的训练计划。

3.训练的客观规律

无论是在竞技项目的训练中，还是在部队的体能训练中都应该遵循运动训练的客观规律。运动训练的客观规律包括：训练过程的连续性与阶段性；机体在负荷下的适应性与劣变性；组织训练的集群性和个体性；训练过程的多变性与可控性等。遵循这些客观规律，人们制订了运动训练的基本原则、方法和手段，并在训练计划中予以充分体现。

4.组织体能训练的客观条件

由于各个部队训练条件各不相同，如气候条件、训练场地、器材的质量和数量、伙食标准以及恢复条件等，因此在制订体能训练计划时，要充分考虑到客观条件。不仅要充分考虑，而且要充分利用部队内部设施和外部环境进行体能训练，使得训练客观条件发挥最大的功效。

五、体能训练计划的基本内容

体能训练计划的内容包括四个部分：准备性部分、指导性部分、实施性部分、控制性部分。

(1)准备性部分包括：参训者的起始状态诊断、确定训练目标。

(2)指导性部分包括：划分训练阶段及提出任务、确定目标的基本对策、安排比武或达标的时间表、确定训练负荷的变化趋势。

(3)实施性部分包括：选择训练方法和手段、确定各手段、练习的负荷要求、制订恢复措施。

(4)控制性部分包括：定期检查训练效果、及时调整训练计划。为更好地对体能训练过程进行控制，必须掌握大量信息。

第三节　军事体能训练的方法与手段

不同的训练方法对机体各器官生理功能的影响有不同的特点，科学合理的运用各种方法，有利于掌握技能，提高各器官生理功能，增强教学与训练的效果。

体能训练方法是教练者和受训者在军队体育训练过程中，为完成体育训练任务而采用的手段、途径和程序的总称。

要完成体育训练的任务，必须解决训练方法的问题。训练方法的选择与运用是否正确，对于训练任务的完成有着直接的影响。常用的体育训练方法主要有以下几种：讲解法、示范法、分解法与完整法、练习法、游戏法与比赛法、预防与纠正错误法等。

一、讲解法

讲解法是指教练员在训练中，用简明的语言向受训者说明所学动作的名称、作用、要领、要求及练习方法。进行思想教育，组织受训者进行练习，使受训者掌握体育知识、技术、技能和战术。

讲解法要求教练员在讲解时，口齿清楚，声音洪亮，语调轻重、快慢适度，采用普通话，除此之外，还应注意以下几个问题：

(1)讲解要明确目的，要有教育意义。教练员应根据训练任务、内容、要求以及以往训练的具体情况，针对受训者在思想、技术或身体发展上存在的主要问题，有针对性地讲解。

(2)讲解的内容要正确，要切合受训者的程度，讲解的内容力求准确，深浅适度，使受训者能够理解，收到预期的效果。

(3)讲解要通俗易懂、简明扼要。在体育训练中，教练员讲解用词要确切、精练、语气要肯定，表达要生动形象，以最短的时间，收到最大的讲解效果。为了达到语言的简明扼要，可用口诀进行讲解，还可以用比喻的方式讲解，尽量帮助受训者正确地理解和掌握动作。

(4)讲解要富有启发性。教练员讲解要能启发受训者积极思维，使他们把看、听、想、练有机地结合起来，这样才能收到良好的训练效果。因此，教练员可以采取提问、分析和对比等方式，启发受训者积极开展思维活动。

(5)要注意讲解的时机和效果。在体育训练中，当受训者正在做练习，特别是静止用力时、调动队伍时，以及教练员背向受训者时，除了作适当简短的指示以外，一般不应作长时间的讲解。

二、示范法

示范是指教练员在训练中，用具体的动作为范例，使受训者了解所学动作的形象、结构、要领、方法和完成动作的顺序。正确标准的动作示范，不仅可以使受训者建立正确动作的形象，还可提高其学习兴趣，激发其学习的自觉积极性。教练员进行动作示范时应注意以下问题。

(1)示范要正确。教练员的示范动作要过硬，示范时要求做到技术熟练、轻松自如、节奏鲜明、姿态优美、引人入胜、有感染力。

(2)要注意示范的位置和方向。示范应力求让所有受训者都能看得清。因此，教练员示范时，要特别注意受训者列队的方向，应让受训者背向阳光和风向列队。凡动作是左右运动的，如刺杀中的防左刺，为了使受训者能看清防左的幅度，应正面和侧面各做一次示范；凡动作是前后运动的，如各种跑的项目，为使受训者便于观察后蹬的角度和步幅，应采用侧面示范。有些方向、路线比较复杂的动作，如军体拳、格斗等，可以采用背面示范，教练员的示范位置可以随时移动。还有些比较简单的动作，如广播操和一般性的徒手操，可采用镜面示范(教练员面向受训者，动作与受训者相反)等。

(3)示范要有明确的目的。示范应根据训练中受训者练习出现的问题，有目的地进行示范，每做一次示范，都应明确要解决什么问题。例如，训练新内容，为了给受训者建立完整的动作概念，就应先做一次完整的动作示范，而后结合训练的任务和要求，再做重点示范或慢速、常速的示范。

(4)示范与讲解应结合起来运用。在体育训练中，一般是边讲解边示范，也可以先示范后讲解，或先讲解后示范。总之，应有利于受训者把理论与实践、思维与直观相结合，这样才能收到更好的训练效果。

三、完整法与分解法

完整法是指不分部分和段落，完整地进行某一动作训练的方法。完整法的优点：不会破坏动作的结构，也不会割裂动作各部分之间的内在联系。因此，有利于受训者正确完整地掌握所学动作技术。完整法的不足：不能使受训者很快地掌握难度较大的动作。运用完整法的具体方法有以下几点：

(1)对简单、易掌握的动作，在教练员讲解示范后，可让受训者完整地练习整个动作。

(2)对复杂、难于分解的动作，可采用以下三种方法。

1)突出重点。例如先掌握技术的基础部分，再掌握细节部分；先体会动作的方向、路线，再要求幅度、节奏等。

2)简化动作的要求。例如教跑，可缩短跑距或降低跑速；教跳，可降低高度或远度；教投掷，可减轻练习器械的重量。

3)广泛采用各种辅助性和诱导性的练习，发展相应的肌肉群及其协调配合能力，体会动作的关键。

分解法就是把完整的动作合理地分成几个部分，按部分逐次地进行练习，最后达到完整地掌握整个动作的目的。分解法的优点：使复杂的动作简单化，便于学习掌握，并能提高学习的信心，缩短训练时间，但运用不当则会影响整体动作的正确形成。

分解法一般是在动作比较复杂而又可以分解，并且用完整法训练又不易掌握动作的情况下，或动作的某部分需要着重学习时采用。运用分解法时应注意以下几个问题：

(1)划分动作各部分时，应特别注意考虑各部分之间的有机联系，使各部分的划分不至于改变动作的内在联系和结构。

(2)应使受训者明确所划分的各个部分在完整动作中的位置。

(3)运用分解法是为了更快地掌握动作。因此，分解训练的时间不宜太长，要积极创造条件与完整法结合运用，使受训者尽快完整地掌握动作，在以完整法为主训练时，也可以对动作的某些环节进行分解训练。

四、持续练习法

持续练习法是指在相对较长的时间内，用较稳定的、不太大的强度，不间歇地连续进行练习的方法。持续练习法通常应用于周期性项目(如长跑、游泳等)，也可用于非周期性项目练习，如连续进行器械体操某些单个动作练习。持续练习法强度一般较小，主要用于发展耐力性素质。其特点是时间长，强度不大，但量较大，以 60%最大吸氧量为宜，通常心律在 140 次/分钟比较合适。练习要求不间歇连续进行，专项耐力要求较高的项目如武装越野等，可适当加大强度。持续练习法对发展耐力素质有较好的效果。运用持续练习法时，应注意控制好负荷强度，延长练习时间或加大强度均可增加负荷，对不同身体训练水平的受训者要有针对性地区别对待。

五、重复练习法

重复练习法是指不改变动作的结构和运动负荷的表面数据，即在动作结构和表面数据相对固定的条件下，按照动作的基本要求进行反复练习的方法。例如以固定的速度，重复跑相同的距离；以同一姿势重复举同一重量的杠铃；用同一姿势反复练习跳同一高度等。

重复练习法每次重复练习的强度较大，通常采用练习者本人所能承受的最大强度进行练习。因此，重复练习法的间歇时间必须要使训练者机体基本恢复，通常为训练时间的 2～3 倍。重复练习法强度大，并可多次重复进行，对提高机体各器官系统的机能能力有较大作用，能有效地促进身体发展。重复进行技术练习，有利于建立和巩固技术动作定型和熟练运用技术。

运用重复练习法时，要注意掌握中间休息的时间，通常心律降至 110 次/分钟以下后再开始下一次(组)练习。不同练习内容在运用重复练习法时要求不同，在运用重复法练习技术时，强度不应太大。重复训练的强度和次数要根据训练的任务来决定，注意防止反复练习错误动作定型，并采用多种练习形式，防止枯燥、乏味现象的产生。

六、间歇练习法

间歇练习法是指在一次或一组练习之后，严格规定间歇时间，进行积极性休息，在机体未完全恢复的情况下就进行下一次(组)的练习。其多用于周期性项目和某些对抗性项目。间歇练习法与重复练习法有很多相似之处，如表面数据不变，练习强度大等。两者主要的差别在于，重复练习法的休息要让机体基本恢复，而间歇练习法则是在机体没有完全恢复的情况下就开始下一组练习。因此，在运用间歇练习法进行训练的过程中，要在严格规定的间歇时间内进行积极性的休息，以使机体在有限的时间内得到最大的恢复，提高机体恢复能力。

重复练习法和间歇练习法的运动负荷都是由重复次数、间歇时间、练习时间等因素决定的。需要注意的问题是，运动负荷标准的掌握要因人而异，当受训者还没有适应某一运动负荷前，不要随意变换。要经过一段时间的练习，使受训者适应了现定的负荷标准，并具备了承受更大运动负荷的能力后，才能变换新的运动负荷表面数据标准。

七、变换练习法

变换练习法是指有目的地改变练习的运动负荷（时间、重量、速度等），动作的组合，练习的环境、条件等因素进行练习的方法。例如变换练习的周围环境，改变器械的高度、重量，变换某些动作要素（速度、频率、幅度）等。

变换练习法又分连续变换练习法和间歇变换练习法。连续变换练习法是指在练习中不断变换练习的条件。例如在越野跑过程中，可以经常改变跑速，同时跑的环境也在不断改变。间歇变换练习法就是练习和休息依次相互交替地进行。最常用的有不断增加运动负荷和经常变换运动负荷两种。前一种是间歇后再练习时运动负荷都是增大的，如某种距离重复跑时，逐渐增加跑速，举重逐渐增加重量等；后一种运动负荷有时大、有时小，如跑速是变换的，器械重量是变换的，动作组合是变换的等。

变换练习法适应于周期性项目和部分非周期性项目训练，如变换跑步的强度、量和体操的动作组合等。变换练习法可以提高受训者对训练和比赛的适应能力，培养受训者的时空感、节奏感、速度感。

运用变换练习法时应注意：变换要有明确的目的，不能随意变换。变换可以事先预定，也可以根据实际需要临时安排，无论是变换负荷，还是变换动作组合，都应有针对性。变换只是手段，不是目的，不是变得越多越好。

八、循环练习法

循环练习法是指在若干个作业点上，受训者按已定的顺序、路线，依次循环往复地完成规定的内容和指标的练习方法。

循环练习法的组织形式和方法是多种多样的，根据训练的需要，可以用分组轮换的形式，也可以用流水作业的形式，还可连续地进行练习。

循环练习法主要用来发展身体的机能能力，也可用于巩固、提高某项主要训练内容。循环练习法所采用的项目，一般应是受训者已掌握的，简单易行的动作。运用循环练习法，使不同项目交替进行，尽量避免单调，不易疲劳能提高受训者训练的兴趣和积极性。循环练习法的最大特点是能有效地增大练习密度和运动负荷。

九、游戏法与比赛法

做游戏是我军一项传统的群众活动，是活跃部队气氛的一种好方法，也是我军军事体育训练的方法之一。它形式多样，简便易行，生动活泼，是干部战士喜爱的活动。在军队体育训练中，运用游戏法不仅能有效地发展受训者的体力和智力，提高他们掌握和运用体育知识、技术和技能的能力，提高练习兴奋性，激发练习情绪，还能培养干部战士英勇顽强，团结友爱的战斗作风和集体主义精神。

游戏一般都有一定的情节和竞赛成分，参加者在心理上都有某种紧张状态，个人之间或队与队之间都有积极争取优胜的心情，可以充分发挥个人和集体的主动性和创造性。游戏法常用于课的准备部分，根据训练的需要也可以用于课的基本部分和结束部分。

比赛法是指在比赛的条件下进行练习的方法。比赛法的形式多种多样，最常用的有游戏比赛，训练比赛，专门组织的测验比赛等。比赛法的主要特点是比赛过程中有竞争因素。这种竞争因素能使参加者情绪高涨，心理紧张，促使人体最大限度地动员和发挥机体的潜在能力，更有效地发展运动素质，提高运动成绩。

十、预防和纠正错误法

在体育训练中，由于种种原因，受训者难免会出现一些错误动作。如果不及时纠正，不仅会给受训者掌握正确动作带来很大的困难和障碍，还容易出现一些伤害事故。因此，在训练过程中，教练员应及时地采取有效办法预防与纠正错误动作，这对提高受训者的训练效果有着重要的作用。

第四节　体能训练的组织与实施

一、军事体育课的组织与实施

军事体育课是组织实施军事体能训练最基本的方式。通常分为准备、基本和结束三个部分。

准备部分包括组织工作和常规练习，一般性准备活动，专门性准备活动。准备部分的时间：50 分钟的课可安排 8～10 分钟；100 分钟的课则可安排 15～20 分钟。根据课的任务和季节气温情况可适当地增加或缩短。

基本部分是一堂课的主体部分，应根据训练大纲和训练计划以及受训者的实际情况精心设计，认真实施。基本部分的时间：在 50 分钟的课中，约占 35 分钟；在 100 分钟的课中，一般应占 70～75 分钟。

结束部分主要是做一些放松性的整理运动及轻微的自我按摩等。结束部分的时间：50 分钟的课，一般 3～5 分钟即可；100 分钟的课，可适当延长。

1. 军事体育课的组织

(1)对受训者的组织。对受训者的组织包括对受训者的分组和分组训练两项内容。

1)受训者的分组，一是按新兵、老兵分组训练；二是按体育基础的不同分别编组进行训练，如游泳可按会游、不会游及游泳水平较高分 2～3 组；三是先按受训者的性别编组，然后再根据健康状况和体育基础分成若干小组。专项体育课的分组，多半是按受训者不同的专项或专项训练水平的高低分组。

2)分组训练，一般有分组轮换和分组不轮换两种形式。

分组轮换是指在教练者的指导和小组长的协助下，各组受训者分别学习不同性质的项目，然后按规定的时间，互相轮换学习内容。分组轮换大都是在一堂课有两个或两个以上的训练内容，而场地器材又不足的情况下采用。其好处是使受训者能够获得更多的练习次数，缺点是教练者不便全面掌握和指导训练。

分组不轮换是把受训者分成若干小组，在教练者的统一指导下，按照训练内容进行练习。

分组不轮换一般是在受训人员不多，场地器材比较充足的情况下采用。运用这种训练形式的优点是便于教练者统一指导，全面照顾，较合理地安排练习的顺序和掌握课程的密度及运动负荷，比分组轮换优越。

(2)对训练内容的组织。一堂体育课，特别是大课(指时间为100分钟的课)，一般都不是单一的内容，而是两个或两个以上的内容，对有几个不同内容的课，在训练中就有一个合理安排的问题。一堂体育课有两个以上不同的内容，一般安排的顺序应是：先安排运动负荷小的，后安排运动负荷大的；先安排新授内容，后安排复习内容；先安排难度大的练习，后安排容易完成的练习；先安排发展灵巧、速度素质的练习，后安排发展力量、耐力性的练习。这样安排比较符合运动技能形成的规律和人体生理机能活动能力变化的规律，有利于增强体质，掌握动作技术技能，提高课程的训练效果。

(3)对场地器材的组织。合理地安排和利用场地器材，对增加受训者的练习次数，加大课程的密度和运动负荷等都有重要的意义。安排时，既要考虑对其他项目训练的影响，也要考虑训练的安全性。使用时，要充分考虑场地器材的设备数量，做到既不空闲，又不拥挤。教练员上课时，应给受训者明确地划分好练习场地的范围和使用器材的数量，并要求受训者严格遵守。

2. 军事体育课的实施

为了提高训练质量，教练员在训练课的实施中，须注意以下几个问题：

(1)充分发挥教练员的主导作用。教练员在训练时，要正确掌握课中各个部分的时间、内容、练习的密度和运动负荷；认真贯彻训练原则和熟练地运用各种训练方法；要全面观察和热情指导受训者进行练习；善于及时发现和解决问题，加强个别指导。

(2)正确执行训练计划及教案。教案是教练员在上课前，通过认真了解受训者的情况和深入钻研教材精心“设计”出来的，教练员上课应严格按照教案执行。但在执行教案的过程中，根据受训者掌握教材的程度、运动负荷的大小和气候变化等情况，也可适当地变更教案中的个别细节，但随意改变教案的内容和实施办法是不允许的。通过训练，要切实完成增强体质，掌握知识、技术、技能和培养思想作风等三个方面的任务。

(3)防止伤害事故。上训练课时，教练员应自始至终地强调注意安全，课前要严格做好场地器材检查和对受训者进行安全教育。训练课中，运动负荷和练习密度要循序渐进；对一些难度较大和有一定危险性的练习，要加强安全和保护帮助工作，例如投掷训练，要加强组织工作，严格规定投掷的队形、方向、出手讯号和捡器材方式等。防止伤害事故的措施一定要具体，并要认真落实。

(4)认真总结经验。每次课后，教练员都应进行课程的小结，肯定成绩，找出存在的问题，分析其原因并研究解决的办法。小结的内容最好以书面的形式记录下来，以便训练工作结束时进行总结。

二、常用体能项目的组织与实施

(一)上肢训练

1. 俯卧撑

(1)俯卧撑的作用是提高上肢伸肌力量和躯干肌肉力量，主要发展上肢的推撑力量和胸大肌的力量，增强呼吸系统功能。

(2)俯卧撑的专项准备活动。揉腕动作，活动腕关节；屈伸臂动作，活动肘关节；直臂绕环动作，活动肩关节。

(3)俯卧撑的动作要领。做俯卧撑时，两手相对、两臂伸直支撑于地面，两臂间距与肩同宽。头、躯干、下肢与身体纵轴成一直线，在平地上成俯撑，做两臂屈伸动作。

(4)俯卧撑的训练方法。

1)靠墙(树杆)手倒立控时练习。

2)有人扶持的倒立爬行和俯撑爬行(推小车)练习。

3)在双杠上支撑移行或臂屈伸练习。

4)把脚垫高的俯卧撑练习。

5)俯卧撑推起空中击掌练习。

6)肩背上负重物的俯卧撑练习。

(5)俯卧撑的组训方法。

1)时控法：要求练习者在规定的时间内完成规定的次数(如在 10 秒内完成 15 次俯卧撑)。

2)数控法：在一组训练中只要求数量不限制完成时间(如一组要求完成 30 次俯卧撑)。

3)增减难度法：有意识地改变负荷和身体某部位的姿势以适应不同水平士兵的需要(如增难度，在练习者肩背上负重物的俯卧撑；减难度，让练习者在斜面上做俯卧撑)。

4)退让训练法：将一个完整动作分成几个阶段，并在每一个阶段上停留一定的时间，以增强局部肌肉耐力(如当俯卧撑推起时，身体与地面成 60°，90°，120°，150°分别停留 5 秒)。

5)间歇训练法：练习之间的间歇由每组练习时间和组间休息时间构成。间歇训练法是采用运动与组间休息交替的组训方法，即每组运动 10 秒左右，组间休息时间控制在 30 秒左右，如果采用每组练习 1 分钟左右(如数控法、增减难度法、退让法)时，组间休息应控制在 2～3 分钟。一个训练内容在一次训练时要连续进行 6～7 组。

6)能力分组法：根据练习者个体差异，分组练习。能力最差的从有扶持与帮助开始练习；中等能力的以高于承受能力 20％的强度练习；能力好的以上肢位置低于肢体的方法(如倒立)进行抗阻训练；左右臂力量不均衡者，以正反握手法握杠，力量弱的手臂靠近身体一方进行练习。

2.引体向上

(1)引体向上的作用主要是发展悬垂拉引力量，发展上臂肱二头肌和前臂屈指肌群肌力。

(2)引体向上的专项准备活动：手臂关节及韧带练习；屈伸臂练习；直臂环绕练习；揉腕练习。

(3)引体向上的动作要领。

1)动作过程：预备姿势→跳起悬垂→引体向上(下颌过杠)→跳下。

2)技术要领：提脚跟，身体成半蹲，两臂后张，五指伸直并拢，掌心向前。跳起抓杠成直臂悬垂，双手用力拉杠，使身体向上，下颌过杠后还原成悬垂，再拉杠做第二次引体。落地时两腿顺势弯屈，两臂前平举，五指并拢伸直，上体保持正直，恢复立正姿势。

(4)保护与帮助。保护者站在杠下，双臂展开置于练习者身后，练习者屈臂拉杠力量不足时，扶腿向上助力完成。

(5)引体向上的训练方法。

1)站立(立正和分腿均可)提拉杠铃、哑铃或沙袋。

2)站立位手持小杠铃和哑铃的弯举练习。

3)助力引体向上:这是一种减负荷练习法,主要是针对引体力量差的士兵的初期训练。助力时应尽量使练习者发挥出最大力量。

4)负重引体向上:随着拉引力量的增强,训练时可在腰部或足踝部绑沙袋、手榴弹等重物进行练习。

5)立臂上:在拉引力量较强的情况下,可增加训练难度,连续做立臂上,即快速高引体,向上翻腾立肘,合力撑起成正撑,然后向后落下成悬垂,反复做。

(6)引体向上的组训方法。

1)时控法:要求练习者在规定时间内完成规定次数,例如10秒内完成15次引体向上。

2)数控法:在一组训练中只要求引体向上的数量而不限制完成时间,例如一组练习要求士兵完成30次引体向上。

3)增减难度法:有意识地改变负荷和身体某部位的姿势以适应不同水平士兵的需要。

4)退让训练法:将引体向上的连续动作分成几个阶段,并在每一阶段上停留一定时间,以增强局部肌肉的耐力。例如引体向上曲臂时持续10秒、20秒、30秒、40秒等。

5)间歇训练法:对练习时间和组间休息时间进行监控,每组引体向上10秒左右,组间休息时间控制在30秒左右,采用每组引体向上1分钟左右时,组间休息控制在2～3分钟。一个训练内容在一次训练课上要连续进行6～7组。

(7)注意事项。

1)注意克服易犯错误动作:拉杠时,仰头挺胸,造成上体后仰,上拉困难。纠正方法是拉杠时,含胸微屈髋,快速拉。

2)下颌要过杠后才能还原为悬垂姿势。

3.卷身上

(1)卷身上的作用是有效增强上肢肌肉的悬垂拉引力量,提高腹肌和大腿前群肌的上举力量,对翻越障碍物有着直接帮助。

(2)卷身上的专项准备活动:腰部运动、主要用力部位肌肉的揉捏法(肱三头肌、前臂屈肌群、腹直肌、大腿前部肌群等的揉捏)。

(3)卷身上的动作要领。

1)动作顺序是正握悬垂→卷身上成正撑→落下成悬垂。

2)动作要领:正握直臂悬垂,两手用力屈臂拉杠,同时含胸、收腹、举腿,上体后倒(腹紧贴身体,眼看脚),继续用力拉杠,腿向后上方伸出过杠,使腹部贴于杠上,翻转手腕,抬头挺胸,伸直两臂成正撑。落下时含胸收腹,重心前移,两臂用力,缓冲下落成直臂悬垂。反复练习。

(4)卷身上的训练方法。

1)仰卧在平地上连续做仰卧举腿练习。

2)从正握静止悬垂姿势开始,两臂上引,两腿屈膝,上体后倒连续做股四头肌触杠练习。

3)训练时,应从正握静止悬垂姿势开始。完成卷身上后还原成悬垂时,要从后面落下,不能前翻下。落下成悬垂时,两臂完全垂伸直后再做下一次练习。

(5)保护与帮助。保护者站在杠下一侧,当练习者卷身上力量不足时,手托臀部和推肩向上助力完成。落下时,扶臀、腿,帮助稳重心。

(6)注意事项。

1)拉杠时,抬头后倒不要过早,以免收腹举腿困难。

2)上体后倒时,两臂继续用力不能放松,以免身体下沉而难以完成。

(二)下肢训练

1. 双腿深蹲起立

(1)双腿深蹲起立的作用是通过训练,增加双下肢、髋部、臀部、腰部伸肌肌群的力量。同时在练习过程中,提高心血管、呼吸系统的机能水平,提高腿部伸肌力量和身体平衡能力。

(2)双腿深蹲起立的动作要领:上体正直,两眼平视,双腿屈膝下蹲,至大、小腿夹角小于90°,同时两臂上举,至于地面呈水平,以维持身体平衡。伸展双腿,呈站立姿势,如此反复进行。

(3)双腿深蹲起立的组训方法。

1)训练初期,采用间歇训练法,每次4～6组,每组30～50次为宜,间歇时间2～3分钟。

2)随着腿部力量素质的增强,可增加运动量和强度的练习,例如负重深蹲。

3)训练结束后放松整理活动,体前屈甩腰练习;放松操(随意全身松弛);两人一组相互按摩大腿。

(4)注意事项。训练前准备活动要充分,避免膝关节因重复单个动作过多而造成劳损。组与组间歇休息时应采用积极性休息方式,如慢跑、拍打腿部等。

2. 摸高

(1)摸高的作用是提高跳跃能力,发展腰腹力量,进一步发展军人的速度、弹跳力和协调性等身体素质。

(2)摸高的准备活动:慢跑10分钟后进行专门性准备活动,例如并腿跳、高抬腿跑、单脚跳等。

(3)摸高的动作要领:右(左)手掌蘸上石灰粉,侧立站于墙边直线下,利用静力性爆发力突然向上起跳,同时举右(左)手尽量向上摸墙上的直线,将手指上的石灰粉拍在摸到的线段处。

(4)摸高的训练方法。

1)提高腿部力量练习:负重弓步跳、负重提踵、左右转体或体侧屈、负重半蹲或全蹲起等。

2)提高弹跳力练习:各种跳跃如并腿跳、前后分腿跳、团身跳、蛙跳、单脚跳、跨步跳、立定跳远、助跑起跳。

3)摸高练习:手(头)触高物、下蹲快速跳起顶高等。

4)发展柔韧性练习:正、侧压腿,踢腿,转髋,侧对肋木体侧屈,两人背对手拉手转体(一人向左转,一人向右转)。

(5)摸高的组训方法。

1)重复训练法:10秒内完成3次摸高跳。

2)强度训练法:一组训练中只要求完成摸高的次数而不限制完成时间,如一组要求完成100次摸高跳。

3)增减难度法:在练习者肩背上负重物摸高;让练习者助跑摸高。

(6)注意事项。训练前充分做好腿部肌肉和韧带的准备活动。

3.100 米跑

(1)100 米跑的作用是提高军人速度素质，改善心肺功能，发展反应能力、协调能力和快速出击的作战能力，增强肢体力量等。

(2)100 米跑的专项准备活动：股四头肌的拉伸，纵跳，小步跑，高抬腿跑，后蹬跑，加速跑。

(3)100 米跑的动作要领。

1)起跑技术：短跑可使用蹲踞式或站立式起跑。起跑过程包括“各就位”“预备”和鸣枪三个阶段。使用蹲踞式起跑时，当发令员发出“各就位”的口令后，做 2～3 次深呼吸，两手撑地，重心适当前移，两手间隔与肩同宽或稍宽于肩，颈部自然放松，两眼目视前下方 40 厘米处，注意听“预备”口令；听到“预备”口令后，随之深吸一口气，平稳从容地抬起臀部，肩部稍超出起跑线，此时重心主要落在前腿和两臂上；当听到枪声或哨声，两臂屈肘迅速离地做前后快速有力摆动，两腿快速全力蹬伸，使身体向前上方运动，脚掌不应离地过高，以便迅速着地；在进入加速跑阶段后，要求不断加大蹬地前摆力度，逐渐加大步幅，两臂做协调快速有力摆动，当加速跑至 30 米左右后，以自然、放松、快速步伐进入途中跑。

2)途中跑：途中跑是短跑全程中距离最长、速度最快的一段，其任务是继续发挥和保持高速度跑。途中跑过程中，要求大腿迅速前摆、步幅大、两臂协调配合，加快摆动腿前摆幅度和速度，加快步频。

3)终点跑：终点跑的任务是尽力保持途中跑的高速度跑过终点，在离终点 15～20 米处，尽量保持上体前倾角度，加快步频和两臂摆动速度，距离终点 2～3 米处上体急速前倾，使躯干向前撞压终点线。

(4)100 米跑的训练方法。

1)简单技术训练：做小步跑、高抬腿、后蹬跑等专项基础技术训练；做摆腿、踢腿等协调性和灵活性训练；掌握快速放松摆臂练习。

2)速度练习：站立式或蹲踞式起跑 30 米、60 米、100 米，上、下坡跑（上坡跑可选坡度为 30°～35°，下坡跑可选 20°左右坡度）、反复跑、变速跑、行进间跑。

3)力量、弹跳练习：可采用 30～50 千克杠铃半蹲跳，每次连续跳 10～15 次×3 组，如果没有杠铃可采用两人一组，一人骑在另一人肩上，做深蹲练习，每人蹲 10 次，交换进行；以通过负重快速挺举、抓举来提高手臂力量，选择重量根据个人实际情况来决定；提高弹跳力可采用原地立定跳、立定三级跳、单足跳、跨步跳、蛙跳等形式，练习时最好选择松软的沙土地进行，减少震动，防止关节受伤和胫骨骨膜炎的发生。

(5)100 米跑的组训方法。

1)中速跑 60～100 米：要求动作自然放松，蹬、摆腿要充分，步幅开阔，两臂摆动协调，躯干姿势正确，并跑成直线。

2)加速跑 60～100 米：要求保持跑的正确技术，逐渐加快跑的速度，在达到最高速度后，保持最高速度跑一段距离。在教学过程中，抓住重点、难点，抓住专项速度、专项力量、弹跳素质，提高大腿快速前摆能力、快速起跑后加速跑能力。

3)重复加速跑 100～150 米：要求在学员初步掌握加速跑节奏的基础上，采用重复加速的方法，改进途中跑技术和提高放松跑的能力。

4)行进间跑 30～60 米：要求在学员基本掌握途中跑技术的基础上，采用行进间跑巩固提高途中跑技术。

5)超专项距离跑:要求用80%～90%的力量跑,动作要协调放松,步幅开阔并富有节奏。

(6)注意事项。

1)训练前做好全身准备活动。

2)训练效果差者,可开展有针对性的专门练习。

3)训练结束后要重点进行放松或整理活动。

(三)躯干与柔韧训练

1.仰卧起坐

(1)仰卧起坐的作用是提高军人腹肌力量,增强腰背部肌力。

(2)仰卧起坐的动作要领:两腿伸直平仰卧于地面,五指交叉于头部,起坐时腹部用力,含胸缩头,使上体抬起成屈体坐(腿与上体的夹角小于90°),然后上体后倒还原成预备姿势,反复练习。

(3)仰卧起坐的训练方法。

1)利用固定物或在同伴协助下,固定小腿和足部仰卧起坐。

2)负重物做仰卧起坐,在头枕部放杠铃片、沙袋等重物,以增加每次练习的负荷。

3)在斜板(坡)上做仰卧起坐,即练习者利用斜板或斜坡,脚向上、头向下。

4)曲膝仰卧起坐,练习者曲膝仰卧,由同伴压住足背,进行练习。此种方法属于减负荷法,适用于腹肌力量很差的士兵的初期训练。

5)时控法:练习者在1分钟内完成50次仰卧起坐。

6)数控法:要求练习者在一组训练中只完成100次仰卧起坐练习。

(4)仰卧起坐的组训方法。

1)根据水平分组,同水平人员按3人一组分开,即训练时1人操练,1人协助压脚,1人保护帮助,3人轮换。

2)练习强度和运动量的监控。水平高的练习者可适当负重练习;水平中等的练习者可在帮助下进行;水平低的练习者可采用仰卧屈腿姿势(减负荷)进行训练。由于3人轮换训练,所以没有组间休息时间。但不管哪个组都必须连续完成6～7组练习,每组练习时不得少于30秒(实在做不起来的可在同伴协助下完成)。

(5)保护与帮助。保护者位于练习者上体一侧成跪立,当练习者起坐困难时一手按腿一手托背,顺势向上助力帮助完成动作。

(6)注意事项。

1)训练前按要求做好准备活动。

2)起坐时,用力充分到位,肘关节要触及膝盖;还原成仰卧时,背部要完全着地,腹肌充分放松。

3)训练结束后,要在统一指挥下进行放松整理活动。

2.立卧撑

(1)立卧撑的作用是发展军人腰腹肌力量,提高腰背肌肉韧带的柔韧性和灵活性,增强人体内脏器官的功能。

(2)立卧撑的专项准备活动:跳跃加转体360°,2次×8拍;慢节奏俯卧撑3次×8拍。

(3)立卧撑的动作要领。

1)俯卧伸屈腿。练习者在平地上成俯卧撑姿势后,双手撑地姿势不变,同时迅速收腿至腹部,然后迅速向后伸出,再收至腹部,如此反复练习。

2)俯卧起立。练习者俯卧于平地上,双手及前脚掌撑地,呈俯卧撑准备姿势,头部与身体纵轴呈一直线,两臂、腰、双腿伸直,然后收腿至腹部,迅速起立成完全直立姿势后,再进行下一次练习。

(4)立卧撑的训练方法。

1)学习和掌握收、伸腿的技术。原地跳收腿练习,向上跳跃,同时尽量向上收腿;弹跳练习,跳起以前脚掌触地,同时向上跳起,并收腿;跳肋木辅助练习,手扶肋木,两脚跳起踏上肋木,再跳下。

2)加强腰腹肌力量练习。负重仰卧起坐,在头部吊一杠铃片或其他重物,再练习仰卧起坐;负重仰卧举腿,首先仰卧,然后在脚踝处负重物后向上举腿,反复练习;跪撑举腿,单腿跪于地上,向后上方上举另一腿,脚尖绷直。

(5)立卧撑的组训方法:采用间歇训练法,按规定连续进行7组,集体操练。

(6)注意事项。

1)训练前做好腰背部和腿部肌肉、韧带的准备活动。

2)训练后注意腰背部和腿部肌肉、韧带的整理放松。

3.悬垂举腿

(1)悬垂举腿的作用是发展军人腰腹肌力量,提高军人腰背部和腿部肌肉、韧带的舒缩能力。

(2)悬垂举腿的专项准备活动:自行分别揉捏上臂和前臂的屈指肌群;单杠上悬垂吊肩;跪地仰撑挺腹。

(3)悬垂举腿的动作要领:站于单杠下,跳起双手握杠成悬垂吊杠姿势,稳定后,双腿慢慢上举,尽量与身体成90°角,身体保持不动,持续一段时间。

(4)悬垂举腿的训练方法。

1)低杠体会练习:站在杠下,屈臂握杠,迅速向上举腿,成悬垂姿势。

2)高杠卷身上,体会举腿时的动作感觉。

3)标出一高度,让练习者悬垂举过这一高度。

4)两腿夹住一物体再向上举。

(5)注意事项。

1)举腿时,膝盖尽量不要弯曲。

2)训练前做好腰部和腿部肌肉、韧带、膝关节准备活动。

3)训练后充分做好腰背部和腿部肌肉、韧带、膝关节的放松整理活动。

4.立位体前屈

(1)立位体前屈的作用是提高腰背部及腿部后侧肌肉、肌腱的弹性和伸展性,增强腿、腰部关节的柔韧性。

(2)立位体前屈的专项准备活动:两人面对面压肩;两人面对面交替推手。

(3)立位体前屈的动作要领:直立,两臂上举,上体前屈下潜,两腿伸直,臀部稍后移,胸部尽量与腿相贴。

(4)保护与帮助方法:保护者位于练习者一侧成跪立,当练习者体前屈下潜时,一手扶腿后侧，一手扶背部，合力向里助力，帮助胸腿相贴，但不能过分用力，防止肌肉拉伤。

(5)立位体前屈的训练方法。

1)正踢腿和压腿练习，以增强腿部后侧肌肉柔韧性。

2)直角坐助力体前屈：练习者直角坐地，体前屈时，由同伴助力下压(助力者用力要适度，防止韧带拉伤)。

3)直角坐体前屈摸腿控制时间练习。

4)立位体前屈摸腿控制时间练习。

5)甩腰，练习者分腿站立，两臂上举，然后上体急速前屈使臂、头、肩从两腿间穿过，弹性还原成准备姿势。

(6)立位体前屈的组训方法。

1)训练时，可单独做、两人协同做，也可集体做。

2)柔韧性练习应每天坚持练习；

(7)注意事项。

1)体前屈训练不会造成过度性疲劳，应经常练习，一般安排在每堂课的准备部分和结束部分进行。

2)放松活动要充分。

第五节　体能训练的医务监督

为保证充沛的体能，提高军事作业和战斗能力，军人日常的体能训练要求训练量大、强度高。既要保证正确安排大运动量训练，提高训练效果和成绩，又要避免伤病并能早期发现和正确处理，就必须进行科学的训练医务监督。预防体育运动中各种有害因素的不良影响，帮助和指导运动训练参加者合理进行体育锻炼、训练和比赛，使之符合人体生理机能的发展规律，有助于选择科学的训练方法，合理地安排运动量、运动密度及强度，预防运动性伤病的发生。

在本节中将重点介绍体能训练中运动性伤病的防治，以及常见运动损伤的处理方法。

一、体能训练中常见的运动性疾病

运动性病症一般是指因机体对运动应激因子不适应或训练安排不当而造成体内紊乱所出现的一类疾病、综合症或机能异常。

(一)过度训练综合征

过度训练是运动负荷与机体间过分不相适应，以至于疲劳连续累积而引起一系列功能紊乱或病理状态。其症状表现为全身乏力、体重下降、腹泻、低热、血尿、运动性头痛、易发生感冒；肌肉酸痛、压痛、僵硬，易出现痉挛；睡眠障碍、头痛、头晕、无训练欲望、心情烦躁、易激怒、记忆力下降等。

预防的关键是制订合理的、切合实际的训练计划。预防措施主要有以下几点：

(1)逐渐增加训练量，节奏明显，避免骤然增量。

(2)对新战士或身体素质相对较弱者应加强全面训练，特别是身体素质的基本训练。

(3)遵守循序渐进的训练原则。

(4)加强医务监督和自我监督。

(5)加速消除疲劳也是预防过度训练的重要环节。

处理的重点是消除病因、调整训练及加强各种恢复措施，保证充足睡眠，增加积极性休息时间，加强营养，多吃新鲜蔬菜和水果。

(二)晕厥

晕厥是指突然发生的、暂时性的知觉和行动能力丧失的状态。

发生原因有多方面，常见的情况：举起重物时吸气后憋气，使胸腔和肺内压增加，妨碍静脉血回流，导致心血输出量减少；疾跑后立即站立不动，血液大量积聚在下肢血管中，回心血量明显减少，从而导致脑部供血不足；身体由水平位突然变为直立位时，肌肉泵和血管调节功能发生障碍，致使回心血量骤减和动脉压力下降，出现了一时性脑缺血；中暑、伤后剧烈疼痛或颈动脉受到打击等。这些情况都会引起晕厥的发生。

通常在处理时将患者平卧(头部稍低)，如有呕吐，宜将患者头部偏向一侧，松解衣领束带，注意保暖，下肢抬高，可做向心推拿；如呼吸停止，应立即做人工呼吸。

为预防晕厥的发生：一是要坚持科学系统的训练原则，避免发生过度疲劳、过度紧张等运动性疾病；二是要加强疾病恢复期和身体素质弱者参加训练时的医务监督；三是避免在夏季高温、高湿度或无风天气条件下进行长时间训练，如果要进行长时间的运动必须及时补充糖、盐和水分。

(三)运动性腹痛

腹痛是运动训练过程中较为常见的一种症状，造成运动中腹痛原因：缺乏锻炼或训练水平低，准备活动不充分，身体情况不佳，劳累、精神紧张；呼吸与动作之间的节奏配合不良；膳食制度不合理，饮食上存在问题；运动强度和速度加得过快或太突然等。

运动中出现腹痛，应减慢运动速度和降低运动强度，加深呼吸，调整呼吸和运动节奏，用手按压疼痛部位，或弯腰跑一段距离。如果症状严重，应停止运动，口服止痛药物、点掐穴位、腹部热敷。

在运动中，应通过以下方法来预防运动性腹痛：

(1)循序渐进地增加运动量。

(2)膳食安排合理，一般饭后 1.5 小时后才可进行剧烈运动。

(3)充分做好准备活动，尤其是肋间肌的拉伸活动，运动中注意呼吸节律。

(四)肌肉痉挛

肌肉痉挛俗称抽筋，是肌肉发生不自主的强制收缩所显示的一种现象。运动中最容易发生痉挛的肌肉首先是小腿腓肠肌，其次是足底的屈拇肌和屈趾肌。

造成肌肉痉挛的主要原因：肌肉受到低温的影响，兴奋性会增高，易使肌肉发生强制性收缩；运动中大量出汗，使电解质大量丢失，常常会发生肌肉痉挛；肌肉过快地连续收缩而放松时间太短，以致收缩与放松不能协调地、成比例地交替，造成肌肉痉挛；身体疲劳时，特别是在局部肌肉疲劳状态下再进行剧烈运动或做些突然紧张用力的动作，也容易发生痉挛。

在处理时可做反方向牵引痉挛肌肉的动作，可使其缓解，也可采用重力按压、揉捏的手法，同时患部要注意保暖。在训练前还要注意认真做好准备活动，疲劳和饥饿时不宜进行剧烈运动加强参训者的身体训练，提高耐寒能力和耐久力。

(五)运动性血尿

健康人有时在运动后会出现一过性的血尿，但是经详细检查却找不出其原因，这类血尿称为运动性血尿。其实引起运动性血尿的原因通常是长时间跑跳时身体震动使肾脏下垂，肾静脉与下腔静脉之间的角度变锐，静脉血回流受阻，肾静脉压力增高，从而导致红细胞渗出。运动时腰部的猛烈屈伸或蜷缩体位可使肾脏受到挤压，肾内毛细血管损伤，从而引起肾出血。另外，落地时的震动可使膀胱后壁与膀胱底部互相触碰，破损后也可引起血尿。

运动后即刻出现血尿，其明显程度与运动量和运动强度的大小有关。出现血尿后若停止运动，则血尿迅速消失，一般不超过 3 天。除血尿外，一般无其他征象，血液及其他临床检查均正常。

运动性血尿的主要预防措施：

(1)遵守体能训练的科学原则。负荷量和训练强度要循序渐进，避免骤然加大负荷量和训练强度，做好全身和腰部的充分准备活动。

(2)合理安排训练时的饮水制度。在剧烈训练过程中适当补充水分。

(3)避免过度训练。

(六)运动性中暑

运动性中暑是指肌肉运动时产生的热超过身体能散发的热而造成体内的过热状态。运动性中暑可分为热射病、日射病和热痉挛三种。

运动性中暑与经典中暑不同处是骤然发生居多，患者会出现高热、昏迷、精神错乱或激动、抽搐、呕吐、腹泻、低血压等征象。

运动性中暑的主要预防措施：

(1)夏天炎热季节时要安排好训练时间，避免在一天中最热的时段进行。每训练 50 分钟后至少休息 10 分钟，饭后要有必要的休息，并进行经常的医务监督。

(2)安排好炎热天气训练和比赛时的营养和饮水，增加维生素的补充量等。组织合理的水盐供应主要是强调运动员宜采取少量多次饮水的原则。

运动性中暑的治疗措施主要为停止训练，将患者送到阴凉透风处，松解衣扣，平卧休息，并及时用冷毛巾擦身和冷敷头部以降体温。如果出现晕厥应立即点掐人中穴。

二、体能训练中常见运动损伤的防治

1. 止血

止血的方法有以下几种：

(1)直接压迫止血法：用手或干净物直接压迫出血处止血。

(2)加压包扎止血法：小静脉和毛细血管出血可将伤口做必要的消毒后，用纱布覆盖，再用绷带进行加压包扎。

(3)加垫曲肢法：先用棉垫或柔软的衣物放在关节窝，然后曲肢包扎。

(4)患肢抬高法：将出血部位抬高至高于心脏水平 10 厘米或以上，减低出血速度。此法只用作辅助止血。

(5)间接指压止血法:用手指把身体浅部的动脉压在相应的骨面上,可暂时止住该动脉供血部位的出血。

2. 固定

固定的作用是保护伤口,压迫止血,支持伤肢,固定敷料或夹板。

常见的固定处理:

(1)关节脱位及临时急救。如果出现关节脱位应立即用夹板和绷带在脱位所形成的姿势下固定伤肢,保持伤员安静,尽快送医院处理。如果有出血和休克,应先止血和抗休克。

(2)骨折及临时固定。此目的是限制骨折断端的活动,避免断端损伤周围血管、神经和其他组织,减轻伤员疼痛,同时便于运送伤员。

固定的原则和方法:

1)固定前不要无故移动伤肢,为暴露伤处可剪开衣物,大腿、小腿和脊柱骨折应就地固定。

2)如果有出血或休克者,应先止血和抗休克。

3)夹板与肢体间应放垫衬物,空隙应填紧,夹板长度应超过骨折部位上、下关节。

4)露出伤口的骨片不要放回伤口,也不可随意去除。

5)固定时应先固定骨折部位的上、下处,再固定上、下关节。

3. 挫伤

人体某部位遭受钝性暴力作用而引起该处及其深部组织的闭合性损伤称为挫伤。通常是因为运动中的相互踢打、碰撞,动作失误与器械碰撞等。其表现为皮下淤斑或血肿,疼痛与压痛,功能障碍明显,甚至可出现肌肉或肌腱断裂,主要功能完全丧失,断裂处凹陷,近端隆起。前期处理时应按急性闭合性软组织损伤处理,现场冷敷、加压包扎、固定及患肢抬高;中期使用综合的处理方法处理,但禁用重手法按摩;后期以功能锻炼为主。

4. 肌肉拉伤

运动中肌肉主动强烈收缩或被动拉长所造成的肌肉细微损伤、部分断裂、完全断裂,称为肌肉主动拉伤或肌肉被动拉伤。其表现为肌肉局部突然出现疼痛,不能完成所做动作,压腿明显,局部肿胀,肌肉紧张发硬甚至肌肉痉挛,功能障碍,伤后肌肉主动收缩或被动拉长疼痛加重。处理时应及时冷敷,加压包扎,把患肢固定在受伤肌肉松弛位置,48 小时后才能进行轻手法按摩。疑有肌肉完全断裂者,现场进行加压包扎和固定,并送医院治疗。

5. 疲劳性骨膜炎

疲劳性骨膜炎是一种常见的运动损伤,多见于初次参加训练或训练量突然猛增的人,多发生在胫腓骨、跖骨和尺桡骨,是一种应力性损伤。新入伍的士兵发生率较高。受伤原因主要是由于训练方法不当,跑跳练习过于集中;场地过硬,小腿所受的反作用力过大;准备运动和放松运动不足。其表现为胫腓骨等部位在运动后出现疼痛,大运动量、后蹬和支撑时疼痛加重;重症者表现为持续性疼痛,一般在骨面上能摸到压痛点。对早期或轻症患者治疗时,局部用弹力绷带包扎,适当减少局部负荷,可继续训练,随着负荷能力的提高,2～3 周后症状可自行消失;对于重症患者,除减少负荷外,应进行外敷新伤药、热疗按摩等治疗;疼痛剧烈者应在休息时抬高患肢。

6. 踝关节韧带损伤

踝关节外侧副韧带为最容易受伤的踝关节韧带,多发生于跑、跳练习中,身体处于腾空阶段，如果落地重心不稳，向一侧倾斜或踩在他人的脚上或其他物体，以足的前外侧着地、内翻，而导致距腓韧带、跟腓韧带损伤。其表现为剧痛、压痛、肿涨、功能障碍，常见于外踝前下方凹陷处（距腓前韧带），强迫内、外翻试验检查显阳性。如果出现关节不稳、活动范围加大、有开口感，说明韧带完全断裂。

对于踝关节韧带损伤现场处理要及时，先进行强迫内、外翻试验检查，以确定韧带是否断裂。伤后立即用拇指指腹压迫痛点，抬高患肢，用冰敷患部或绷带加压包扎，把踝关节固定于受伤韧带相对松弛位。疑有韧带完全断裂或骨折者，现场应加压包扎，使用棉花夹板固定，再马上送医院。

第九章　心理行为和障碍训练的组织与实施

第一节　场地器材准备

心理行为训练需要一块完整的心理行为训练场地，训练器械包括组合架、背摔台、攀岩板、4 米竖墙等，保护器材需要保护绳、全身式安全衣、半身式安全衣及其他附属器材。障碍训练需要标准的 400 米障碍场。

一、心理行为训练场地器材

(1)组合架。组合架为一种行架群，竖有 7 根立柱，立柱顶部相应连有 6 根横梁，用挂索固定于组合架上，主要包括：战胜恐惧、飞跃自我、挑战极限、勇攀高峰四个项目。在战胜恐惧、飞跃自我项端还连有钢丝索，钢索上有小滑车，小滑车上的梨形环供拴保险绳用；攀岩板固定于行架上，顶部横杆上的梨形环供拴保险绳，勇攀高峰顶部横梁空位扣件上的梨形环同样供拴保险绳用。战胜恐惧上有一可调节两桥间距的摇臂。

(2)攀岩板。攀岩板由合金岩板、钢架结构和专业支点等部件组合而成。岩板表面凹凸有致并与钢架结构共同组成直壁、俯壁、屋檐等各种曲度的攀登岩面，通过形状、大小、疏密程度各异的支点构成难度不同的攀登路线，并可根据训练或比赛的要求随时调整。

(3)4 米竖墙。4 米竖墙为一整体钢型材行架焊接结构，宽度一侧有下行的竖梯，前面为花纹钢板，后面有一斜支撑。

(4)背摔台。背摔台是一个整体钢型材焊接平台，侧面有一个供上人的斜梯。

(5)保护绳、全身式安全衣和半身式安全衣及其他附属器材。

二、400 米障碍场地的设置

(一)场地设置

场地共设 8 个障碍物，依次是跨桩、壕沟、矮墙、高板跳台、水平梯、独木桥、高墙、低桩网。

(二)障碍物规格

(1)跨桩：由 5 个直径 0.3 米、高出地面 0.1 米的跨桩组成。右边 3 个跨桩的中心相距 2.3 米，距离跑道中线 0.3 米，第一跨桩中心距端线 5 米。左边两个跨桩的中心相距 2.3 米，距离跑道中线 0.3 米，第一跨桩中心距离端线 6.15 米。

(2)壕沟：长、宽、深均为 2 米，沟壁为垂直面。

(3)矮墙：高 1 米、宽 2 米、厚 0.2 米。洞孔宽 0.5 米、高 0.4 米，下缘距地面 0.6 米，设于矮墙左侧。

(4)高板跳台：高板高 1.8 米、长 2 米、宽 0.5 米、厚 0.05～0.08 米；高台高 1.5 米，长、宽均为 1 米；低台长、宽、高均为 1 米；高板、高台、低台间隔均为 1 米。

(5)水平梯：长 5.1 米、宽 0.59 米、高 2.4 米，水平梯横杠直径 0.03～0.04 米，横杠间跨度 0.5 米，距高板跳台低台 0.3 米。

(6)独木桥：高 1.3 米、长 5 米，直径 0.2～0.5 米，桥平面宽 0.1 米，斜板长 2 米、宽 0.2 米。桥下立柱间隔 1～1.3 米，柱上漆红白相间的颜色条。

(7)高墙：高、宽均为 2 米，厚 0.2 米。

(8)低桩网：由 12 根立桩组成。立桩对应分列两行，行距 2 米，间距 1 米，柱高出地面 0.5 米，每对立桩间用弹性材料拉直成横线构成桩网，网下地面铺松柔的沙层为宜。

第二节　动作要领

一、心理行为训练的技术要领

1. 信任背摔

(1)实施条件。参训人员：不少于 10 人(含一名指挥员)。训练设施：高 1.6 米专用高台；长不少于 50 厘米的一段软绳。

(2)训练要求。①慢跑 2～3 圈，充分做好身体准备活动(头部运动、扩胸运动、腰部运动、腹背运动、压腿、活动手腕等)；②指挥员介绍信任背摔的目的、要领、注意事项等；③摘掉易造成伤害的物品，如手表、眼镜、钥匙链、女同志头上饰物等。

(3)保护者的动作要领。保护者按身高情况两两一组，两人相对。脚下成弓步，左腿在前，膝盖内侧靠紧。双手掌心向上搭在对方锁骨窝处，组与组之间肩膀相靠、挤紧，肩膀挤紧时，各组均要求手臂前平举，掌心向上，始终保证对方的一只手臂在自己的双臂之间。

(4)练习者的动作要领。练习者要两手前举、掌心相对，向内翻转手掌、拇指冲下，两臂交叉、掌心相对，十指交叉握紧，然后将双手向内掏出，抱于胸前，用软绳系住前臂，以防肘外翻伤及保护者。

(5)训练流程。①指挥员下达科目：科目、内容、目的、方法、时间、地点、要求等。②指挥员下达“xxx，出列”口令，练习者回答“是”后跑步出列。③指挥员下达“保护人员就位”口令，保护人员按个子高矮协调组合，面对面站立台下两侧，伸出手臂，手心向上，搭于对方肩上，彼此紧密排列，头向后仰，双眼注视练习者后背。④练习者登台后，两手前举，掌心相对，向内翻转手掌，拇指向下，两臂交叉，掌心相对，十指交叉握紧，然后将双手向内掏出抱于胸前，指挥员用软绳将前臂绑好，置于腹部前方。背摔队员后倒时，要始终保持两脚并拢，站立台缘，背对战友。⑤练习者背摔前，用响亮声音问：“准备好了吗?”保护人员大声回答：“准备好了!”练习者大声说：“我要倒了!”保护人员响亮回答：“我们支持你!”⑥练习者头、颈、脊椎及腿紧张挺直，头略向前倾，后仰摔倒在战友怀抱中，在倒下过程中身体保持挺直。保护人员按照先下身后上身的顺序将练习者放下，然后指挥员大声说：“xxx!”其余人员齐呼：“好样的!”⑦所有参训人员按照顺序依次做完。

(6)总结讲评。相互信任和责任是维系一个团体的根本所在。通过训练，使士兵对彼此信任的重要性有了进一步认识。作为一个团队，如果没有彼此的信任和相互协作的精神，团队将不复存在，其团队成员也就丧失了安全感，缺乏归属感。要维系团队精神就要加强责任心，不然作为一个集体就会缺乏精神和士气，丧失团队发展的动力。

2.合力冲击

(1)实施条件。参训人员：不少于 7 人(含 1 名指挥员)。训练设施：高 4 米，宽 3 米，厚 40 厘米墙体，两个防护垫。

(2)训练要求。①训练前充分做好身体准备活动(同信任背摔的训练前准备活动)；②指挥员介绍合力冲击的目的、意义、注意事项，安排好冲击的顺序、步骤、方法；③确保做好安全措施，做好防护准备；④冲击时可以设想追击敌人的情景，来激励参训人员；⑤如果有人没有攀登成功，则此科目训练为不合格。

(3)保护动作要领。保护者脚下呈弓步，按习惯将左腿或右腿放在前方，将与前腿同侧的手举过头顶，并将另一只手举到胸前。当有人从高处后倒时，上面的手接住其后背，下面的手接住其腰部，曲臂缓冲并将其放到海绵垫上，保护其安全。在有队员向上攀爬时，要求其他队员做好保护动作，将手抵在他的身上直接给他支持，或者做好保护动作，始终要保证不管任何人倒下来都有人能够保护他的安全。保护队员以攀爬者为中心呈半圆形分布，注意保护各个方向倒下来的人。

(4)训练流程。①指挥员下达科目：科目、内容、目的、方法、时间、地点、要求等。②冲击前全班面对高墙成横队站好，指挥员高喊“让我们一起加油！”，全体人员迅速围成一圈，伸出左手叠在一起，齐喊：“一二，加油！”。指挥员下达“开始冲击”口令后，全班人员开始冲击。

1)冲击方法一。

第一人上法：先以两人做下层。首先，两人面向墙壁，两腿左右分开，并肩半蹲于墙壁前约 60～80 厘米处，两手分开扶壁；然后第二层人脚踏第一层人的大腿，再移踏于两人的内侧肩上，手扶墙壁蹲下；接着，第三层人脚踏第一层人的大腿和肩，再移踏于第二层人的双肩，手扶墙壁蹲下；最后，由下至上逐层立起，第三层人借助第二层人推送的力量，两手攀住墙壁上缘，向上引体，收腹提臀，攀上墙壁，踏上平台。

第二人上法：仍以两人做下层，站稳于两人内侧肩上后，手扶墙壁慢慢站起，第一名踏上平台的人探身将其拉上来(手腕扣手腕)。中间几人的上法同第二人。由踏上平台的人探身将其他正在依次攀登的人拉上来。

最后一人的上法：倒数第二人上去后直接倒立，由四人用力按住或拉住踝、膝关节以仰卧的姿势倒挂于墙壁上，两手下垂，最后一人原地用力起跳或助跑拉住倒挂人的双手，向上引体，收腹提臀，两腿上抬，成倒立姿势，由平台上的几人探下身齐心合力把他拽上来。

2)冲击方法二。

第一人上法：同冲击方法一。

第二人上法：第一人上去后，第二层的人即站起，利用第一人的拉力和下面人的托力登上墙壁。中间几人上法依次类推。

倒数第二人的上法：开始的上法同上几个人，但当两手分别抓住平台上队员的手之后，迅速做两腿登墙、身体后仰的动作，当两腿靠近平台时，平台上的四人迅速分别抓住其两只脚，手随即松开，此人以仰卧的姿势倒挂于墙壁上，两手下垂。

最后一人上法：同冲击方法一。

冲击成功后,全体人员挥右臂高喊:“我们胜利了!”。然后,由班长带领走下平台,整队带出。每个班经过适当休息后,可重复做2～3次训练,也可在连、排里开展班与班的竞赛。

(5)注意事项。

1)根据本队人员情况合理排序。第一个攀爬的人应选择身体灵活,臂力较大的队员。将体重较大的队员放在中间攀爬。最后攀爬的队员和倒数第二个攀爬的队员是项目成败的关键,应选择身体素质好的队员。攀爬时,可搭一层人梯,也可搭两层人梯,不同的团队可以有不同方法。

2)在训练开始时,训导员要组织大家围成半圆形,全部做好保护动作后,才可让第一位队员开始攀爬。训导员大声提醒队员们注意保护并且亲自参与保护。在确定上、下方的队员都做好保护动作后,才可让队员开始攀爬。尤其在项目的最后,要重点注意保护最后两名攀爬的队员。

3)指挥员应始终注意队员动作,一旦发现安全隐患,应立即制止。

(6)总结讲评。团队合作的意义不仅在于“人多好办事”,更重要的在于团队行动可以克服个人无法独立完成的困难。一个人的能力是有限的,也不可能事事取得成功,只有把个人融入集体之中,才有可能使自己的能力得到最大发挥,甚至超越自我,因为集体的力量是无穷的。

3.固定滚轮

(1)实施条件。参训人员:不少于7人(含一名指挥员)。训练设施:固定滚轮、60厘米长软绳5～6条。

(2)训练要求。①训练前充分做好身体准备活动(同信任背摔的训练前准备活动);②着迷彩服、迷彩鞋;③摘掉易造成伤害物品,如手表、眼镜、钥匙链等;④训练前指挥员讲清目的、意义;⑤严格规定,周密组织,落实安全措施,对有恐惧心理的同志用软绳将手、脚固定,严防训练事故;⑥严肃、认真、保持活跃气氛,但严禁嘻闹。

(3)训练流程。①指挥员下达课目:课目内容、目的、方法、时间、地点、要求等。②指挥员讲解动作要领和安全注意事项,必要时自己或选一人做示范。③指挥员下达“xxx,出列”口令,练习者回答“是”后跑步出列。④指挥员下达“让我们为xxx加油好不好!”的口令,全班人员回应:“好!”,然后跑步上前围成一圈,左手叠加在一起,高喊口号:“xxx,加油!”。指挥员下达口令“保护人员就位”后,指定的保护人员迅速到达滚轮的另一侧准备保护,其余人员则成班横队站好。⑤保护人员在保护时,双手抓住滚轮的外圈,协助启动与制动,练习者两脚踏入横踏板脚套内,两手正握手环或轮柱,微收腹,屈膝。⑥指挥员下达“开始训练”口令后,(当向右侧转时)保护人员轻轻转动滚轮协助启动,练习者头稍右转,臀部右移,右腿用力蹬直,右、左臂依次用力支撑,向右转动。经倒立后右手拉环,蹬直左腿,臀部移向转动方向,连续转动。⑦制动时,保护人员轻轻转动滚轮协助制动,练习者转至头向上时,臀部迅速移向相反方向。向左侧转时,要领与右侧转相同,方向相反。⑧参与者依次进行,直到训练完成。

(4)总结讲评。敢于挑战生理极限,才能超越心理自我。

4.相互依存

(1)实施条件。参训人员:不少于6人(含一名指挥员)。训练设施:支撑桩。

(2)训练要求。①训练前充分做好身体准备活动(同信任背摔的训练前准备活动);②指挥员介绍合力支撑的目的、要领、注意事项等,③摘掉易造成伤害物品,如手表、眼镜、钥匙链等;④注意安全措施,严防事故。

(3)训练流程。①指挥员下达科目:科目、内容、目的、方法、时间、地点、要求等。②训练时,指挥员先将队形调整成班二路纵队,带到训练场地。指挥员下达“第一组就位”的口令,纵队的前两人走到起始点处,面对面成立正姿势,指挥员下达“开始训练”的口令,练习者同时踏上支撑桩,手臂搭于对方肩上,身体保持正直,以跨步的形式协力向终点前进。③到达终点后,双手移于对方手部,相互用手掌轻推,同时向后并腿跃下。落地后同时转体跑步返回起始位置。其他各组照此法依次进行。

5.生死关卡

(1)实施条件。参训人员:不少于 4 人(含一名指挥员)。训练设施:模拟电网。

(2)训练要求。①训练前充分做好身体准备活动(同信任背摔的训练前准备活动);②指挥员介绍生死关卡的目的、要领、注意事项等;③摘掉易造成伤害物品,如手表、眼镜、钥匙链等;④此科目训练允许脱去外衣;⑤注意安全措施,严防事故。

(3)训练流程。①指挥员下达科目:科目、内容、目的、方法、时间、地点、要求等。②练习者以 3~5 人为一小组,在电网前先商讨如何通过(限时 10 分钟),然后互相帮助通过电网,每个孔(关卡)只能用一次,身体的任何部分不能碰网,否则就算触电,并且此学员通过无效,这个关卡也作废不许再用,过去的人不许回来帮忙。③各训练小组可相互计时比赛,决出优胜。④若有 1 人没有通过,则此课目训练为不合格。

6.勇往直前

(1)实施条件。参训人员:一个建制班(含一名指挥员不少于 6 人)。训练设施:荡木桥。

(2)训练要求。①训练前充分做好身体准备活动(同信任背摔的训练前准备活动);②指挥员介绍勇往直前的目的、要领、注意事项等;③摘掉易造成伤害物品,如手表、眼镜、钥匙链等;④注意安全措施,严防事故。

(3)训练流程。①指挥员下达科目:科目、内容、目的、方法、时间、地点、要求等。②练习者面对荡木桥成纵队站立,指挥员下达“开始训练”的口令,练习者依次踏上荡木桥向终点前进,后一人必须与前一人间隔两个断木,利用跨越、摆、荡等动作从断桥一端走到另一端,然后从荡木桥一侧跑步返回队尾。顺利通过者得 5 分,第一次跌落扣 0.5 分,第二次跌落扣 2 分,第三次跌落不得分。队与队之间可以组织竞赛,以全队的平均分决出胜负。

7.战胜恐惧

(1)实施条件。参训人员:不少于 7 人(含一名指挥员)。训练设施:空中断桥(断桥宽在 1.5~1.8 米之间可调),全身式安全衣,半身式安全衣,主保护绳,自动锁,丝扣锁,“8”字环。

(2)训练要求。①训练前充分做好身体准备活动(同信任背摔的训练前准备活动);②指挥员介绍勇往直前的目的、要领、注意事项等;③摘掉易造成伤害物品,如手表、眼镜、钥匙链等;④注意主保护人员随时注意观察练习人员,及时收放主保护绳,放主保护绳时主保护将右手虚攥,主、副保护之间相互协调配合,严防事故发生;⑤严格规定,周密组织,落实安全措施,严防事故;⑥严肃、认真、保持活跃气氛,但严禁嘻闹。

(3)保护动作要领。保护者使用五步收绳法。准备姿势:主保护两脚前后自然开立,左脚在前。左手握住受力绳(“8”字环以上连在练习者身上的部分),右手握住制动绳(“8”字环以下部分)并将右手抵在右侧胯间。

收绳时,第一步:右手握住制动绳沿绳受力方向用力,向上向远离“8”字环的方向提拉,同时左手握住受力绳配合右手向“8”字环的方向向下捋绳子,左右手配合收绳。第二步:右手握点不变，让绳子始终受力绷直，向下划弧，抵在右跨间。第三步：左手从受力绳及“8”字环的下方移至制动绳右手握点与“8”字环之间，靠近右手处握紧。第四步：左手固定不变，右手移至左手的上方，距离“8”字环5厘米处握紧。第五步：将左手移至受力绳，还原成准备姿势。

(4)训练流程。①指挥员下达科目：科目、内容、目的、方法、时间、地点、要求等。②指挥员讲解动作要领和安全事项，并做示范。③指挥员下达“xxx，出列”口令，练习者答“是”后跑步出列。④安全员(2人)帮练习者穿好全身式安全衣并系好安全带，将练习者吊起试一下安全带的牢固保险程度。⑤指挥员下达“让我们为xxx加油好不好！”的口令，全班人员大喊“好！”，然后跑步上前围成一圈，左手叠加在一起，高喊口号：“xxx，加油！”，指挥员下达“保护人员就位”口令后，其余人员迅速跑步到位牵拉保护绳。⑥指挥员下达“开始训练”的口令后，练习者爬上平台，走到断桥的一端，一脚在前，一脚在后，上体保持正直，两臂平伸，与肩成一线。⑦做好起跳准备后，练习者大声问：“准备好没有？”保护人员大声回应：“准备好了！”练习者接着大声说：“我要跳了！”战友们回应：“我们支持你！”，然后练习者从断桥的一端跳到另一端，练习者成功完成规定动作后，其他人大声赞扬：“xxx，好样的！”练习者再以同样的方法从断桥另一端回跳到起始端，按原路返回。⑧参与者依次进行，直到全部人员完成训练。

(5)总结讲评。勇气来自自信，行动是战胜恐惧的最好办法。训练证明，只要敢为就会成功。军人必须学会面对恐惧，学会如何应对恐惧与压力，这是职业的要求，也是个人发展和成功的需要。事实证明，胆识的重塑对人生具有重要意义，任何时候都不要丧失我们的勇气和信心。

8.挑战极限

(1)实施条件。参训人员：不少于7人(含一名指挥员)。训练设施：人造岩壁，全身式安全衣，半身式安全衣，主保护绳，自动锁，丝扣锁，“8”字环。

(2)训练要求。①训练前充分做好身体准备活动(同信任背摔的训练前准备活动)；②着迷彩服、迷彩鞋；③摘掉易造成伤害物品，如手表、眼镜、钥匙链等；④训练前指挥员讲清目的和意义；⑤严格规定，周密组织，落实安全措施，严防事故；⑥攀爬墙壁时，应注意手脚配合和肢体协调动作，多发挥腿部力量，减少手臂负担。

(3)训练流程。①指挥员下达科目：科目、内容、目的、方法、时间、地点、要求等。②指挥员讲解动作要领和安全注意事项，必要时自己或选一人做示范。③指挥员下达“xxx，出列”的口令，练习者回答“是”后跑步出列。④安全员帮练习者穿好全身式安全衣并系好安全带，将练习者吊起试一下安全带的牢固保险程度。⑤指挥员下达“让我们为xxx加油好不好！”的口令，全班人员大喊：“好！”，然后跑步上前围成一圈，左手叠加在一起，高喊口号：“xxx，加油！”，指挥员下达口令“保护人员就位”后，其余人员迅速跑步到位牵拉保险绳。⑥指挥员下达“开始训练”的口令并记录时间，练习者开始攀爬，抓到岩壁的最高点即攀爬成功。攀爬时保护人员应大声鼓励：“xxx，加油！”，攀登成功后大喊：“xxx好样的！”。准备返回时，练习者大声问：“准备好了没有？”保护人员回答：“准备好了！”练习者接着问：“我要下去了！”保护人员回答：“我们保护你！”，然后保护人员缓慢放松保险绳，练习者两手抓住胸前的安全绳，身体后倾，双脚同时轻蹬岩壁，借助保险绳拉力安全下降返回地面。⑦参与者依次进行，直到训练完成。

(4)总结讲评。敢于挑战生理极限，才能超越心理自我。心理极限的超越是以生理极限的突破为前提的，生理极限的突破可以引发对心理的巨大冲击，心灵的震颤往往又可以引起本能积极的反应，进而激发应激状态，释放潜能。追求成功的人，就要敢于打破生理极限，经过一番痛苦的磨炼而后成功实现自我价值。

9.飞越自我

(1)实施条件。参训人员:不少于7人(含一名指挥员)。训练设施:空中单杠,全身式安全衣,半身式安全衣,主保护绳,自动锁,丝扣锁,“8”字环。

(2)训练流程。①指挥员下达科目:科目、内容、目的、方法、时间、地点、要求等。②指挥员讲解动作要领和安全注意事项,必要时自己或选一人做示范。③指挥员下达“xxx,出列”口令,练习者回答“是”后跑步出列。④安全员替练习者穿好安全衣并系好绳索,将练习者吊起试一下绳索的牢固保险程度,主保护人员动作同“战胜恐惧”。⑤指挥员下达“让我们为xxx加油好不好!”的口令,全班人员大喊:“好!”,跑步上前围成一圈,左手叠加在一起,高喊口号:“xxx,加油!”,指挥员下达“保护人员就位”口令后,其余人员迅速到位牵拉保险绳。⑥指挥员下达口令“开始训练”后练习者攀登踏杆,爬上踏杆顶部平台后站起,保持身体正直,两臂伸直,与肩成一线,然后向上向前跃起,两手抓牢单杠横竿,待身体稳定后左右平伸两臂,双腿伸直,借助保险绳拉力返地。⑦练习者做好起跳准备后,大声问一句:“准备好了没有?”主、副保护人员回应:“准备好了!”练习者接着说:“我要跳过去了?”战友们回应:“我们支持你!”。练习者向上向前跃起,两手抓牢单杠横竿,成功完成规定动作后,其他人大声给以赞扬:“xxx,好样的!”,接着练习者问:“我要下去了!”大家回应:“我们保护你!”,然后练习者两手松开,两臂平伸,与肩成一线,脚尖绷直,全身保持挺直。保护人员控制主保护绳将其缓慢放下。⑧参与者依次进行,直到所有人员都完成训练操作。

(3)总结讲评。战胜自我需要自信,超越自我需要勇敢。没有知识和经验常常是产生恐惧和缺乏勇气的重要因素之一,而掌握知识和积累经验的最好办法就是自己的亲身体验。战胜自我应首先战胜心中的“敌人”——恐惧。

(4)行为疏导。对于不能顺利完成训练动作的胆怯者,不要急于催促,要用语言给以引导。引导语言可以是“这里所设的操作情境,是你的能力所能及的”“你一定行”“设备很安全”等。对过于紧张的操作者,可以通过深呼吸来调整情绪状态,如果发现练习者与踏杆共振可令其蹲下,稍事调整后再站起。对较长时间没能完成动作者,可采取令其“下来”的刺激手段,待自己有要求时重新进行。

10.勇攀高峰

(1)实施条件。参训人员:不少于14人(含一名指挥员)。训练设施:空中吊梯,全身式安全衣,半身式安全衣,主保护绳,自动锁,丝扣锁,“8”字环。

(2)训练流程。①指挥员下达科目:科目、内容、目的、方法、时间、地点、要求等。②将全班分成两组,从两组中各抽一名人员练习,指挥员下达“xxx,xxx,出列”口令,练习者回答“是”后跑步出列。③安全员替练习者穿好全身式安全衣,系好安全带,上好绳扣并将练习者吊起试一下安全绳的牢固保险程度。④指挥员下达“让我们为xxx,xxx,加油好不好!”的口令,全班人员回应“好!”,然后各组人员跑步到自己保护的练习者处围成一圈,左手叠加在一起,高喊口号:“xxx,加油!”,指挥员下达口令“保护人员就位”,各组人员迅速跑步到位牵拉保险绳。)⑤指挥员下达“开始训练”口令后,两名练习者在不碰铁链的情况下协同配合爬上软梯,其间指挥员大声说:“xxx!”其余人员齐呼:“加油!”,攀登成功后指挥员大声说:“xxx!”其余人员齐呼:“好样的!”。⑥全班人员依次完成训练操作。

(3)总结讲评。训练证明了“两人智慧胜一人”的至理名言。如果我们把自己的心理体验应用到今后的训练、工作、学习和生活当中去,相信我们每个人都会成为优秀的革命军人。

二、400 米障碍跑的技术要领

1. 平地跑技术动作

平地跑分为出发跑、转弯跑和终点跑。①出发跑：从起点到第一个障碍物前的 100 米跑。跑的动作技术与短跑途中跑的动作基本相同，动作放松，步幅开阔，节奏明显。②转弯跑：转弯跑时身体向内侧倾斜，以脚掌内侧着地，外侧臂相应加大摆动力量和幅度。③终点跑：从最后一个障碍物到终点的 100 米冲刺跑。跑的技术动作与短跑途中跑和终点撞线动作基本相同。

2. 通过障碍物的动作技术

(1)跨越 3 步桩。

1)通过方法：跑到起跨线前，一腿蹬地，另一腿向前跨出一大步，前脚掌踏在第一根桩面上，随即蹬地腿迅速向前跨出一大步，用前脚掌踏在第 2 根桩面上，依次进行。

2)保护方法：清除桩面沙土，保护者站在沙坑两侧。

3)常见错误动作纠正方法见表 9－1。

表 9－1　跨越 3 步桩常见错误与纠正方法

常见错误	纠正方法
踏桩不准	(1)体会用适当的跑速，从容踏桩； (2)提高腿部力量，掌握蹬跨节奏； (3)平地模拟练习，加强保护措施
踏桩前滑	(1)清除桩面杂物； (2)尽量向前上跃，体会下踏动作

(2)跨越壕沟。

1)通过方法：跑至壕沟前缘约 30 厘米处，一腿蹬地起跳，身体向前上方跃起，另一腿向前摆出并跨过壕沟着地。

2)保护方法：清除壕沟前后沿沙土，以免滑倒，并在远端两侧站 1～2 人，以防练习者动作失误掉入壕沟。

3)常见错误动作及纠正方法见表 9－2。

表 9－2　跨越壕沟常见错误动作及纠正方法

常见错误	纠正方法
跨越前减慢跑速	壕沟上加盖，消除心理障碍
越壕沟双脚着地	壕沟上加盖或平地划线模拟练习

(3)跳越矮墙。

1)通过方法：一手一脚支撑跳越或一手支撑跳越或踏蹬跳越。①一手一脚支撑跳越：一腿蹬地起跳使身体跃上矮墙，起跳腿迅速上提，支撑臂推墙，支撑腿前摆着地；②一手支撑跳越：一腿用力蹬地起跳身体向前上越过矮墙着地；③踏蹬跳越：一腿蹬地起跳，身体跃起，另一腿踏蹬矮墙上缘，收蹬地腿，越过矮墙。

2)保护方法：保护者站在矮墙前(跑进方向)支撑手一侧，当练习者失误时，扶其大臂，防止摔伤。

3)常见错误动作及纠正方法见表 9－3。

表 9－3　跳越矮墙常见错误与纠正方法

常见错误	纠正方法
动作犹豫，不敢起跳	(1)讲清动作要领，加强保护； (2)降低动作难度，借助木马反复练习
身体后仰，提收小腿不及时	(1)练习用前脚掌蹬地起跳； (2)用口令诱导起跳后收腿

(4)通过高板跳台。

1)通过方法：①挂臂攀上，即一腿蹬地起跳，同侧手攀住高板上缘远端，身体借两臂和腿的合力翻上高板面；②立臂撑上，即两腿起跳，两臂撑于高板上缘，收腹踏上高板；③跳下高台和低台，即上体前倾，一腿向前下迈步，脚掌踏于高台中部，另一腿向前下迈步，脚掌踏于低台中部，踏低台腿迅速向前迈步跑进。

2)保护方法：保护者站在高板前的一侧，练习者起跳抓板时，保护者双手扶其腰部，防止后仰摔倒。

3)常见错误动作及纠正方法见表 9－4。

表 9－4　通过高板跳台常见错误动作及纠正方法

常见错误	纠正方法
起跳距离过远，身体跃不起，挂臂后上不了板	(1)练习向前上方跳起挂臂摆腿动作； (2)加强臂力、腿力和腹肌力量
跳、挂、摆、撑、翻动作不连贯	(1)指出手腿用力时机及方法； (2)上板练习时给予帮助，体会上板翻撑动作

(5)通过水平梯。

1)通过方法：踏高台腿前迈时双手抓住水平梯第一横杠，另一腿从低台上跃起顺势攀上水平梯，左右手交换向前，两脚交替向前蹬水平梯横杠与侧杠连接处，快速从水平梯上爬行通过，爬到最后横杠时单手扶杠跳下(此障碍也可在水平梯上走过)。

2)保护方法：两人站在水平梯下方，双臂张开目视练习者并跟随其移动。

3)常见错误动作及纠正方法见表 9－5。

表 9－5　通过水平梯常见错误动作及纠正方法

常见错误	纠正方法
上不去杠	(1)双手握杠时间距稍大些，便于撑上； (2)加强臂力、腿力和腹肌力量
跳下时后腿挂杠，落地不缓冲	(1)脚分前后跳下，前侧脚的同侧手反手握杠，推杠跳下； (2)落地时双脚分前后位置落地，并屈膝缓冲

(6)通过独木桥。

1)通过方法：单脚蹬地，身体跃起，迅速踏上桥面；跑或走步通过时，身体重心稍降低，保持平衡，至桥端时，单腿着地缓冲。

2)保护方法：训练前检查平衡木是否牢固，并打扫平衡木上沙土，注意采用自我保护，练习时身体若失去平衡即主动跳下，并做好缓冲动作。

3)常见的错误动作及纠正方法见表 9－6。

表 9－6　通过独木桥常见的错误动作及纠正方法

常见错误	纠正方法
通过动作不稳踩空而失误	(1)要求动作自然放松，上体前倾两臂张开自然摆动维持平衡； (2)上平衡木的速度掌握适中； (3)平地上画一直线，进行踏线跑练习

(7)攀越高墙。

1)通过方法：①臂撑攀越，即跑至高墙前约 1 米处，单腿起跳，两手攀住高墙上缘，使身体撑上高墙；②一手一脚支撑攀越，即单腿起跳，两手攀、撑于高墙上缘，身体成一手一脚支撑于高墙上缘；③立臂攀越，即两腿起跳，两手挂撑于高墙上缘，撑上高墙。

2)保护方法：保护者位于高墙后一侧，当练习者跳下失去平衡时，扶其臂部，防止摔伤。

3)常见错误动作及纠正方法见表 9－7。

表 9－7　攀越高墙常见错误动作与纠正方法

常见错误	纠正方法
蹬墙脚下滑	(1)蹬墙时脚掌加大向前力量； (2)反复练习，调整好起跳距离
起跳后上不去	(1)借蹬墙冲力，双手攀、拉墙上缘并下压撑起身体； (2)用口令诱导挂腿要诀； (3)蹬墙腿要抬高，蹬在墙中部，反复练习
落地后仍面向墙	(1)上体积极下潜； (2)跳下时同侧臂推墙，保持身体平衡

(8)匍匐通过低桩网。

1)通过方法：屈膝弯腰，身体向前下俯冲，两臂前伸，手掌着地，借两脚蹬力钻入网内。前进时以右手扒、左脚蹬和左手扒、右脚蹬的合力交替爬行。出网时，两臂撑起上体。

2)保护方法：地面松软平整，拉紧网线，采用自我保护，注意前进时，头、肩、臀部姿势不得过高，以免划伤。

3)常见错误动作及纠正方法见表 9－8。

表 9－8　匍匐通过低桩网常见错误与纠正方法

常见错误	纠正方法
“射门”不入网	在沙坑上按要求拉一橡皮条，在橡皮条前约 2 米处，屈膝弯腰向前一大步，身体潜入绳下，反复练习
网线刮头或背部	前进时肘、腿稍外张，不要抬头

(9)跨越低桩网。

1)通过方法:单腿蹬地,跨过第1根网线着地。后腿蹬离地后,小腿向上、外翻绕过第1根网线,并迅速前摆跨过第2根网线着地。两腿依次交替跨过其他4根网线。

2)保护方法:①网柱上面要用软物包好,以防绊倒摔伤;②采用自我保护,防止脚绊、勾网线摔倒。

3)常见错误动作及纠正方法见表9-9。

表9-9 跨越低桩网常见错误动作与纠正方法

常见错误	纠正方法
后腿绊、勾网线	后蹬过渡到前摆时,注意小腿翻并上抬

(10)绕行桥柱。

1)通过方法:屈膝弯腰,右腿前迈,左手扶第2柱,身体内倾,左腿绕过第2柱后向第3柱前方迈出一步,依次绕行。

2)保护方法:绕行时应注意自我保护,身体尽量前倾。

3)常见错误动作及纠正方法见表9-10。

表9-10 绕行桥柱常见错误动作与纠正方法

常见错误	纠正方法
绕行不顺	从桥左侧绕行应先出右腿,从桥右侧绕行则相反

(11)悬垂通过水平梯。

1)通过方法:跑至水平梯前跃起,双手抓握第一杠悬垂,一手伸出抓握第二横杠过颈,另一手松开,另一手再抓握第三横杠子,依次进行,直至全部通过。到最后一杠时,双手握杠,借助向前惯性顺势踏上低台。

2)保护方法:两人站立于水平梯子两侧,双臂张开伸向练习者,目视并跟随起前进。

3)常见错误动作及纠正方法见表9-11。

表9-11 悬垂通过水平梯常见错误动作与纠正方法

常见错误	纠正方法
抓杠脱手	正手环状握法,控制身体摆动幅度

(12)通过跳台高板。

1)通过方法:单腿起跳,身体跃起,另一腿屈膝上抬,上体前倾,两手撑扶台面。蹬地腿踏于低台,后腿积极向前上抬腿,并踏于高台。随之屈体前移,并推板跳下。

2)保护方法:保护者站在高板前一侧,当练习者跳下没有站稳时,迅速扶其臂部协助缓冲,以免摔伤。

3)常见错误动作及纠正方法见表9-12。

表9-12 通过跳台高板常见错误动作与纠正方法

常见错误	纠正方法
跳下落地后偏向一边	借助矮墙反复练习,体会推手和降低重心,着地缓冲

(13)钻越洞孔。

1)通过方法:单腿屈膝支撑,身体向前弯腰伸头,腹部靠拢大腿,两臂前伸,使腿、头部和两臂同时钻过洞孔。

2)保护方法:诱导式保护法,用口令提醒练习者应注意部位。

3)常见错误动作及纠正方法见表 9－13。

表 9－13　钻越洞孔常见错误动作与纠正方法

常见错误	纠正方法
钻洞不入,低头曲体不够	(1)讲清动作要领,反复示范; (2)要求支撑腿尽量弯曲
入洞碰头,出洞刮背	(1)上体前屈,入洞时低头含胸; (2)前跨腿和上体出洞后尽量先向前再向上挺起
碰过“栏”腿	向前提拉稍打开顺势向前提

(14)跳下攀上壕沟。

1)通过方法:屈膝弯腰,单手撑地跳下壕沟并迅速用力蹬地起跳向上跃起,两手攀于壕壁上缘,撑起身体。随着一腿屈膝上抬,脚或膝跪于壕壁上缘,后腿上提,向前迈步。

2)保护方法:保护者站在壕沟前壁一侧,当练习者攀不上壕沟或有失误时,托其臀部给予协助和保护。

3)常见错误动作及纠正方法见表 9－14。

表 9－14　跳下攀上壕沟常见错误动作与纠正方法

常见错误	纠正方法
蹬墙脚下滑身体上不去	讲清蹬墙用力方向,反复练习蹬墙动作
起跳动作慢,撑不起来	(1)下沟后助跑要快,蹬地果断有力,蹬、撑及时协调配合; (2)加强身体素质练习,特别是上肢力量

(15)跨越五步桩。

1)通过方法:跑至跨越线前缘,右腿蹬地,左腿前跨,踏在第 1 桩面上,右腿前侧跨,踏在第 2 桩面上,两腿依次跨越第 3,4,5 桩。

2)保护方法:自我保护,集中精力,脚踩准圆桩。

3)常见错误动作及纠正方法见表 9－15。

表 9－15　跨越五步桩常见错误动作与纠正方法

常见错误	纠正方法
身体重心不稳踩滑失败	重心前移,两臂自然张开,保持平衡,踏桩要准、稳,并要多练

3.训练要求

(1)通过障碍物前后的跑进方法。①通过垂直障碍物前,跑的动作要轻松、自然,身体重心平稳前移，具有明显的加速节奏，使人体产生较大的向前速度，以增加起跳时的支撑反作用力和加快起跳动作的速率，从而加强蹬地起跳的效果。通过垂直障碍物后，人体落地时冲击力较大，要注意降低身体重心，屈膝缓冲，随之蹬地起动，继续跑进。②通过水平障碍物（壕沟、低桩网、跨桩）之前，要保持已获得的水平速度，加速节奏要明显。通过水平障碍物后，要利用身体向前的冲力，保持水平速度，继续跑进。

（2）呼吸方法。平地跑刚开始时，自然的加深呼吸，呼吸节奏要与跑的节奏相配合，终点跑时呼吸频率和深度有所增加。通过障碍物时，可“闭气”用力。通过障碍物后，应及时调整呼吸，着重将气呼出，利用鼻和半张嘴的方法进行呼吸，基本与中长跑呼吸方法相同。

（3）体力分配。400 米障碍跑要求用“均匀”速度跑完全程。400 米障碍要先跑完 100 米平地后才通过障碍物，要往返 200 米，通过 16 个障碍物，顺利快速地通过障碍物是完成全程的重要保证。因此，前 100 米平地跑要求快速，轻松省力。在障碍与障碍之间的跑进中，应有步点调整阶段，即在通过障碍物后要调整好步点，在通过下一个障碍物前，要稍加快跑速，节奏明显，达到顺利快速通过障碍物的目的。当所有障碍物通过后，即转入终点跑，要全力以赴跑到终点。

第三节　组训方法

一、心理行为训练的训练程序

（1）指挥员下达科目：科目、内容、目的、方法、时间、地点、要求等。

（2）将训练人员分组，每组抽一名人员练习，指挥员下达“xxx，xxx，出列”口令，练习者回答“是”后跑步出列。

（3）安全员替练习者穿好全身式安全衣，系好安全带，上好绳扣并将练习者吊起试一下安全绳的牢固保险程度。

（4）指挥员下达“让我们为 xxx，xxx，加油好不好！”的口令，全班人员回应“好！”，然后各组人员跑步到自己保护的练习者处围成一圈，左手叠加在一起，高喊口号：“xxx，加油！”，指挥员下达口令“保护人员就位”，各组人员迅速跑步到位牵拉保险绳。

（5）指挥员下达“开始训练”口令后，练习者在按照动作要点完成练习，其间指挥员大声说：“xxx！”其余人员齐呼：“加油！”，成功后指挥员大声说：“xxx！”其余人员齐呼：“好样的！”。

（6）每组人员依次做完训练动作。

二、400 米障碍的训练程序

（1）通过 400 米障碍训练，应先单个、后分段、再全程。分段练习时，可将前 100 米障碍分为一段，后 100 米障碍分为一段；或将前 100 米跑分和前 100 米障碍分为一段，后 100 米障碍和后 100 米跑分为一段。还可以将已训练过的障碍物串联一起进行，对未训练过的障碍物用平地跑绕过，已训练的障碍物按规定的方法通过。全程训练时，可采用通过全程技术评定、全程计时跑、超全程训练（增加 50～100 米）、两人以上的团体小竞赛等方法。训练时，应注意掌握各阶段体力分配，用匀速度跑完全程，障碍之间的平地跑动作要轻松、协调，并注意调整好步点、节奏，达到节省体力，提高全程成绩的目的。

(2)通过障碍训练,发展身体素质和提高通过技术相结合,并贯彻在每次训练中。单个障碍训练期间,身体素质训练可占每课时间一半,可安排发展速度、速度耐力和弹跳力等练习内容。分段训练期间,身体素质训练与技术训练的比例约为 6∶4,以发展速度耐力为主,增大训练强度,课中可安排 400～800 米跑,加强耐力训练。全程训练期间,身体素质训练应以速度、速度耐力训练为主。

(3)通过障碍训练的队形和口令。通过单个障碍物和分段训练时,练习者成横队站于障碍物一侧。当指挥员下达“第 1 名,出列”口令时,第 1 名练习者出列取捷径走到准备位置自行稍息,听到“前进”口令后,开始练习,练习完毕自行入列。此时,第 2 名练习者自动出列走到准备位置稍息,听到口令依次进行练习。采用流水作业法练习时,练习者成纵队,指挥员下达“距离×步,前进”口令。调换障碍物时,指挥员下达“停止操练”口令,并指定调换地点,再下达“各班带开”的口令,各班跑步到达指定位置后,开始操练。

(4)训练前要切实检查障碍物和场地设施。训练中要注意安全并加强保护工作,难度大的障碍物必须有专人保护,保护人员应位于易出事故的一侧,注意观察并及时保护,防止发生事故。

第十章　常用体育竞赛的组织与实施

体育竞赛是提高官兵身体素质、丰富业余文体生活、培养战斗精神、增进内部团结的重要方式，在基层文化生活中占有非常重要的地位。

第一节　体育竞赛的意义与特点

一、体育竞赛的意义

体育竞赛是各种体育项目比赛的总称，是体育运动的主要特点之一。体育竞赛是以争取胜利为直接目的；以体育项目或某些身体活动为内容，按照一定规则进行的个人或集体的体力、技艺、心理、智力等多方面的综合较量。随着人类文化的发展，体育竞赛也得到更加广泛的开展。开展体育竞赛具有重大意义，因为自体育运动形成以来，就有竞赛。追溯体育运动的发展历史，从某种意义上讲，没有竞赛，就没有体育运动。近代，以奥林匹克运动为代表的世界体育运动竞赛活动，不仅推动了当代体育运动的发展，而且也促进了人类政治、经济、文化和教育的进步，成为当今生活中最引人注目的文化活动之一。它可以以少数人的高超技艺、优良的风范，引起成千上万人浓厚的兴趣，振奋千百万人的精神。

1.有利于发挥宣传教育作用，推动体育事业的发展

体育竞赛的广泛开展，可以使广大青年官兵从中受到教育，了解各项运动的特点和意义，培养参与的兴趣与意识，吸引和鼓舞更多的人参加体育锻炼，推动群众性体育活动的开展和增强官兵体质。

军队体育竞赛是促进军队体育普及和提高的重要措施，是实现我国群众体育目的、任务的主要途径之一。

2.有利于丰富业余文化生活

官兵亲自参与体育竞赛或观赏体育竞赛，都是一种富有情趣的高尚的业余文化生活。人们可以从中受到体育道德、体育精神的熏陶和激励，可以消除工作、学习带来的紧张和疲劳，起到调节生活、增添乐趣、振奋精神的作用。

3.有利于培养各种优良品质和集体主义精神

体育竞赛有利于培养官兵敢于拼搏、奋发向上、锐意进取，以及遵守纪律、服从裁判的优良品质和集体主义精神，对部队精神文明建设有促进作用。

4.有利于加强团结，增进友谊

国内、国际的体育竞赛活动，可以加强全国各族人民之间的团结，促进我国人民与世界各国人之间的了解和友谊。军队内、外的各种体育竞赛活动是加强班际、系际、校际关系，增进友

谊的有效途径。

二、体育竞赛是体育运动的主要特点

(1)体育竞赛要求参加者在比赛中表现和发挥出最大机能潜力，在人体各种能力的极限水平上进行角逐。运动竞赛的结果是难以预料的，常引起人们心理上的一种悬念，最终的结局决定了多种因素的激烈较量，技术、战术、身体素质、心理、智力等。

(2)体育竞赛是实现我国体育目的和任务的基本途径之一，也是做好部队体育工作的一个重要环节。通过运动竞赛，有利于宣传体育运动，能吸引和鼓舞更多的人，推动群众性体育运动的开展，增强体质，丰富人民的文化生活。在部队里有计划、有组织地开展各项运动竞赛，可以有力地推动群众性体育活动的开展，促进运动技术水平的提高，有利于增进团结和友谊，培养竞争意识和挖掘身体潜力，养成勇敢顽强、奋力拼搏、集体主义和爱国主义等优良品质。

(3)通过运动竞赛，可以调节、陶冶人们的情操，对社会主义精神文明建设，丰富业余、课余的文化生活都有重要意义。在现代体育中，体育竞赛还是各国人进行文化交流的手段，通过国际体育比赛，有利于增进各国人民的友谊和相互了解，推动体育运动的发展。

第二节　体育竞赛的形式与方法

一、体育竞赛的形式

体育竞赛的形式可以按竞赛任务的不同分为综合性竞赛和单项竞赛两类。

(一)综合性竞赛

综合性竞赛一般称为运动会或综合性运动会。它包括若干个运动项目的比赛，其任务是全面检查各项运动及其提高的情况，广泛总结交流经验，推动体育运动的发展。例如全军运动会、全国运动会、亚洲运动会、奥林匹克运动会等。这种竞赛由于比赛项目多、规模大、组织工作比较复杂，通常都是每四年举行一届。

(二)单项竞赛

单项竞赛是以单独进行某一项目的比赛为内容，一般以可分为以下几种：

(1)锦标赛：为检查、总结某一运动项目的开展情况和教学训练经验，确定冠军和名次，促使该项运动不断发展而举行的单项比赛。例如，世界杯足球赛、全军大学生篮球赛、全国田径冠军赛等。

(2)邀请赛和友谊赛：由一个或几个单位、学校或国家，邀请其他单位、学校或国家参加的竞赛。目的是为了增进友谊和团结，互相学习，共同提高某项运动水平。各种访问比赛一般都属友谊赛。

(3)对抗赛：由两个以上实力相近的单位或国家联合举办的比赛，目的是交流经验、切磋技艺、取长补短、共同提高。例如，中韩足球对抗赛等。

(4)等级赛：按运动员不同技术水平分别举行的比赛。其主要目的是鼓励和促进运动员提高运动水平，争取升级。例如，田径、游泳、体操等项目，按运动员等级组织的比赛，球类项目的等级联赛等。

(5)测验赛：为了达到一定的标准，或了解运动员提高成绩的情况而组织的比赛。这类比赛一般可不计名次，但应记录测验成绩。例如，《军人体育锻炼标准测验》赛等。

(6)选拔赛：为了发现和挑选运动员，组织或补充代表队，准备参加高一级的竞赛而举行的比赛。例如，院校的新学员篮球选拔赛等。

(7)及格赛：一般是在参赛人数过多，有可能影响正式比赛的正常进行时，先举行及格赛。这种比赛的主要目的就是淘汰一定数量的参赛者，如田径跳高比赛的及格赛等。

(8)表演赛：为了宣传体育运动，扩大影响而举办的比赛。注重技、战术的充分发挥，一般不计名次，是带有示范性、娱乐性的比赛。

(9)通讯赛：用通讯方式组织的比赛。凡是可以计量(时间、距离、重量、环数)的项目都可采用。例如全军院校学员田径通讯赛，其优点是组织工作较简便，节约经费和时间；缺点是运动员没有临场互相学习的机会，比赛条件也不尽相同，成绩的可信度受到一定的影响。

二、体育竞赛的方法

根据体育竞赛的具体要求、项目特点、参赛队数(人数)、比赛的期限和场地设备条件等因素，可选用不同的比赛方法。下面介绍的是几种最常用的比赛方法。

(一)单循环制

参加比赛的队(人)相互之间按程序轮流比赛一次称为单循环赛。其特点是所有参加比赛的队(人)相互之间都要比赛一次，参赛的队比赛机会多，机会均等。但一次比赛所需的场地多、比赛时间长，如果参赛的队(人)数较多时，就要分组、分阶段进行比赛。

1.比赛次序的确定

单循环赛常采用“1号位固定逆时针转法”。如果一组中有同单位的运动员(队)，应首先进行比赛。逆时针轮转法是1号位置固定不动，其他位置每轮逆时针方向轮转一个位置，即可排出下一轮比赛顺序。

例：6人(队)参加比赛的轮转法(见表10-1)。

表10-1　6人(队)参赛轮转法

第一轮	第二轮	第三轮	第四轮	第五轮
1—6	1—5	1—4	1—3	1—2
2—5	6—4	5—3	4—2	3—6
3—4	2—3	6—2	5—6	4—5

当人(队)数为奇数时，用“0”补成偶数，然后按逆时针轮排出各轮比赛顺序。其中遇到“0”者为轮空。

例：5人(队)参加比赛的轮转法(见表10-2)。

表 10－2　5 人(队)参赛轮转法

第一轮	第二轮	第三轮	第四轮	第五轮
1—0	1—5	1—4	1—3	1—2
2—5	0—4	5—3	4—2	3—0
3—4	2—3	0—2	5—0	4—5

但当在一组循环赛中有两人(队)来自同一个队时，比赛的次序就应作适当的改变，以避免同队的运动员在比赛中故意输球而造成不公平的情况出现。

2. 比赛轮数的计算方法

(1)参赛人(队)数为双数时，

轮数＝参赛人(队)数－1

例：有 6 个队进行单循环赛，轮数为 6－1＝5 轮。即 6 个队进行单循环赛，共要进行 5 轮比赛。

(2)参赛人(队)数为单数时，

轮数＝参赛人(队)数

例：有 5 个队进行单循环赛，共要进行 5 轮比赛。

3. 比赛场数的计算方法

(1)比赛场数＝参赛人或队数×(参赛人或队数－1)÷2

例：有 6 个队进行单循环赛，共要进行的比赛场数是

6×(6－1)÷2＝15 场

(2)比赛场数＝每轮的比赛场数×轮数

例：6 个队每轮有 3 场比赛，共需进行 5 轮比赛，共要进行的比赛场数是

比赛总场数＝3×5＝15 场

(二)单淘汰制

单淘汰制的比赛特点是在时间短、场地少的情况下能接纳较多的参赛者，但比赛的机会不很均等，除了第 1 名外，其他的名次有时带有一些偶然性。

1. 比赛次序的确定

参加比赛的人(队)按 2 的乘方数(4，8，16，32…)成对地进行比赛，胜者进入下一轮，负者淘汰，直至最后一名胜者。每次当比赛的轮次进行到还剩 8 名(队)运动员进行争夺进入前 4 名的比赛称四分之一决赛，当还剩 4 名(队)运动员争夺进入前两名的比赛称半决赛，最后争夺冠军的比赛就是决赛了。半决赛的两名(队)负者并列第 3 名。四分之一决赛的 4 名(队)负者并列第 5 名，如果增加附加赛就可以决出第 2 名以后的名次(见图 10－1)。

2. 轮空

参赛人数正好等于 2 的乘方数，第一轮比赛就不会产生轮空。如果参赛的人数不是 2 的乘方数，则第一轮比赛将有轮空。正常情况下轮空位置只能出现在第一轮的比赛(第一轮比赛有弃权，在第二轮出现的轮空除外)。

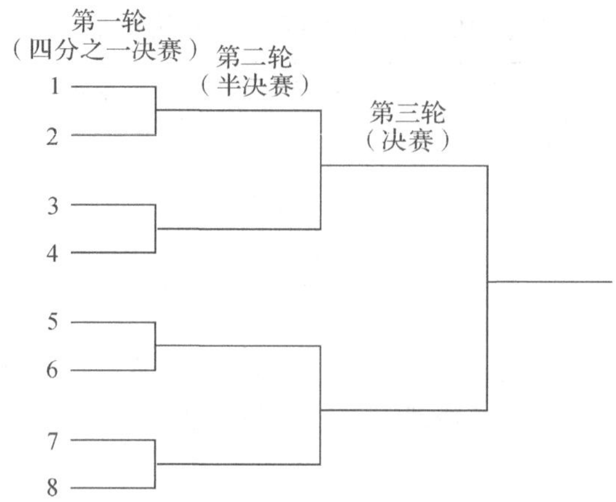

图 10-1　8 人(队)参赛轮次图

3. 轮空数

轮空数是比参赛人数大一级的 2 的乘方数减去参赛人数。例如，有 23 人(队)进行单淘汰赛，第一轮的轮空数是 32－23＝9 个轮空。

4. 轮空位置

轮空位置应平均地分布在上、下半区，或者 1/4 区、1/8 区，轮空数为单数时上半区多一个轮空。上半区的轮空位置应在 1/4 区、1/8 区的顶部；下半区的轮空位置应在 1/4 区、1/8 区的底部。

5. 种子选手的确定

(1)种子选手的概念。为了使比赛的结果更符合参赛运动员的实际水平，避免高水平运动员较早相遇，须将技术水平较高的运动员列为种子，以便在抽签时平均分布在不同的区域，使比赛的结果更为合理，因此在抽签之前要确定种子选手。

业余比赛尽量不要设立种子选手，尽管比赛的结果有时不太合理，但不设立种子选手有它的好处：

1)种子选手的确立依据不充分，业余比赛一个一个相互关联少，今年这家主办一个比赛，明年那家主办一个，比赛相互没有关联。

2)即便种子选手确立，今年比赛这几个获得好名次，明年比赛还是这几个获得好名次，取得好名次的总是这几个单位或选手，不利于群众性业余比赛的开展。

3)随机(抽签)安排比赛不进行人为控制，也可以让运动水平相对较弱的运动队、运动员取得较好的名次，比赛名次不尽合理，但可以提高广大参赛运动队、运动员的兴趣，为比赛创造了更好的乐趣。要取得较好比赛名次不光要有运动技术水平，还得靠点运气。体育不仅是能够健身的游戏，而且参与者能从中获得乐趣。

4)给裁判编排工作——抽签——减轻工作压力，同时也减少差错出现。

(2)确定“种子”的原则。“种子”是根据比赛积分排名和技术水平确定的，应是本项目当时最好的选手。积分排名和技术水平主要看运动员在各级比赛中所取得的比赛成绩，如世界锦标赛、公开赛、洲际比赛或大型国际比赛的成绩，以及全国比赛的成绩和其他比赛的成绩等。考虑比赛成绩时，要以时间最近的比赛和所参加的高级别大型比赛成绩为主，时间远的服从近的，低级别的服从高级别的。在双打比赛中确定“种子”时，除依据上述原则外，还可以参考单打比赛或其中一人的双打成绩。举办比赛的有关机构可以对确定“种子”的原则作出补充规定。

(3)种子数的确定。少于16名运动员(队)参加者的比赛最多设2个种子;16～31名运动员(队)参加的比赛最多设4个种子;32～63名运动员(队)参加的比赛最多设8个种子;64名运动员(队)以上的比赛设16个种子。

(4)种子位的确立和进位。

1)只有2个种子时,直接进位,第1号种子在1号位,第2号种子在最后的号位。

2)有4个种子时,第1号和第2号按上述办法定位,第3号种子和第4号种子用抽签的办法分别进入第二个1/4区的顶部和第三个1/4区的底部。

3)有8个种子时,第1、第2、第3和第4号种子按上述办法定位,其他种子用抽签办法分别进入还没有抽进种子的各个1/8区内。抽进上半区的,应在第二、第四个1/8区的顶部;抽进下半区的应在第五、第七个1/8区的底部。

4)同队的运动员必须做到最后相遇,一个队有两名(队)参赛者时必须分别进入上、下半区;一个队有3～4名(队)参赛者时必须分在不同的1/4区里;一个队有5～8名(队)参赛者时必须平均分布在上、下半区1/4区和1/8区。

5)非种子选手的抽签进位原则。同队的运动员必须做到最后相遇,即一个队只有一名(队)参赛者的可以进入任何位置;一个队有两名(队)参赛者的必须分别进入上、下半区;一个队有3～4名(队)参赛者的必须分在不同的1/4区;一个队有5～8名(队)参赛者的必须平均分在上、下半区和1/4区、1/8区。

6.附加赛

单淘汰赛只能产生第一、二名,如果比赛需要排出第一、二名以后的若干名次,则需要另外再增加几场比赛,增加的这几场比赛称为附加赛。附加赛比赛如图10-2中"虚线"所示。如果要决出1～8名的比赛名次,可参见图10-2所示。

从图10-2中可以看出要决出1～8名的比赛名次,比赛的轮数没有增加,但是比赛的场数增加了5场。

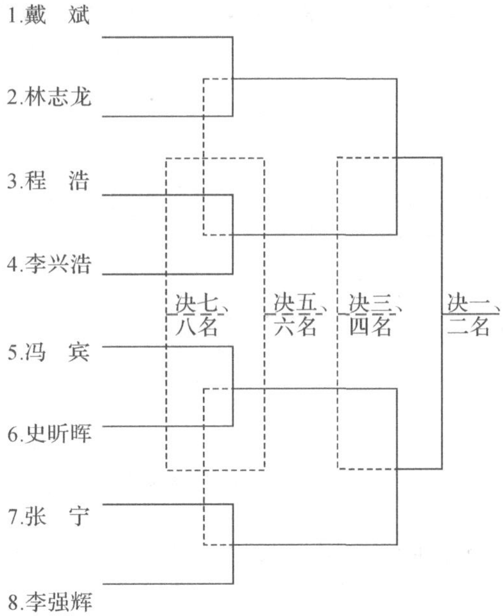

图10-2　附加赛秩序图

7.循环、淘汰混合制

在许多竞赛中,为了既使各参赛队(人)有较多的比赛机会,又不使整个赛程过长,通常将循环制和淘汰制结合运用。比赛的第一阶段采用分组循环,第二阶段采用淘汰。在第一阶段比赛结果出来后如何进入第二阶段的比赛位置有两种方法可选择,第一种是固定位置,第二种是再次抽签或小组第一名固定进位,小组第二名再次抽签进位。例如:某次比赛有 16 个队,第一阶段分 4 个小组进行单循环赛,第二阶段由各小组的前两名共 8 个队进行单淘汰决出 1~8 名。

(1)第二阶段位置预先固定。小组的第 1 和第 2 名都进入第二阶段的固定位置。由于是预先知道第二阶段的位置,所以可能会造成有人在小组赛时故意输球,产生不争小组第 1 名而只争小组第 2 名的问题(见图 10-3)。

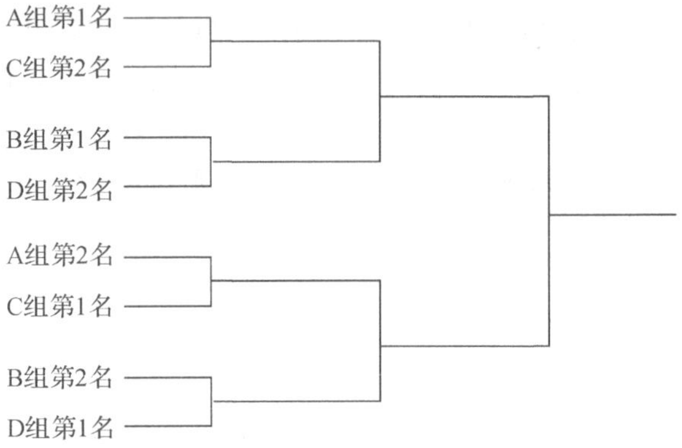

图 10-3　位置固定秩序图

(2)第二阶段抽签进位。如果小组的第 1 名进入固定位置,而小组的第 2 名则等第一阶段小组比赛结果出来后,再抽签进位,这样就在一定程度上避免了打假球的可能性。一般的原则是 A,B 组的第 2 名抽签进入下半区的位置而 C,D 组的第 2 名则抽签进入上半区的位置(见图 10-4)。

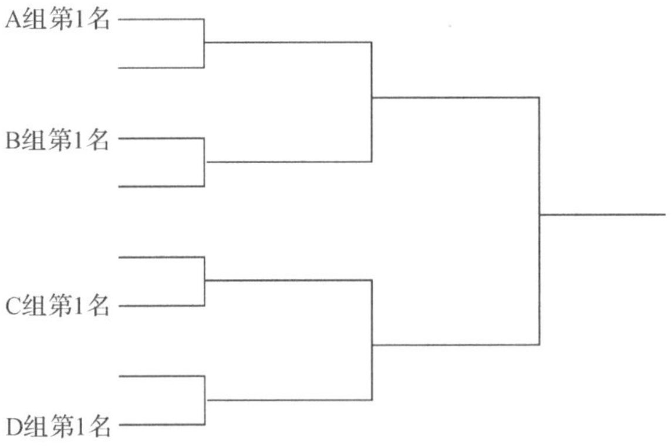

图 10-4　抽签进位秩序图

需要注意的是,在第一阶段进位时,一号种子应进入 A 组,二号种子进入 D 组,这样才能使第一、第二阶段相配。

8.佩奇制

佩奇制是在两阶段比赛的第二阶段用以取代淘汰赛的另一种方法。比赛的第一轮是由两个小组的第1名对第1名、第2名对第2名先比赛，然后小组第1名的胜者直接进入决赛；而小组第1名的负者再与小组第2名的胜者进行比赛，这场比赛的胜者取得另一个决赛权，负者为第3名；第一轮比赛中，两个小组第2名比赛的负者只能得第4名。这一比赛方法是鼓励运动员从第一阶段小组比赛开始就要全力以赴争取胜利，在第二阶段比赛时小组第1名只要连胜两场就可以获得冠军，而小组的第2名却要胜3轮比赛才能取得冠军，第一轮小组第1名的负者也还有机会再进入决赛，但也要比赛3轮，因此小组第1名的胜者是最有利的(见图10-5)。

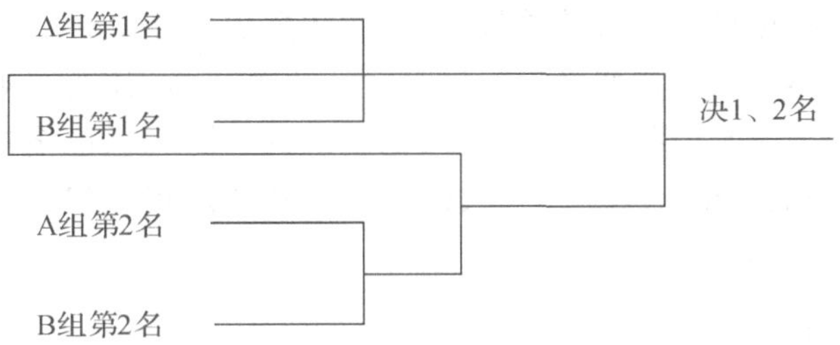

图10-5　佩奇制秩序图

(三)轮换法

将运动员分成若干组，在同一时间内，分别进行各个项目的比赛。赛完一项后，各组依次轮换再进行另一项比赛。例如，竞技体操团体比赛的男子6个项目、女子4个项目的比赛方法就是轮换法。这种方法比赛时间比较集中，但由于运动员参加比赛项目的顺序不同，条件不可能完全均等。

(四)顺序法

顺序法是一种按规定顺序依次进行比赛的方法，可分为分组顺序法和不分组顺序法两种。分组顺序法将参赛者分成若干组，分别进行比赛。例如田径比赛中的径赛项目，按预赛分组，复赛(分组)、决赛成绩评定名次。也有采用一次(分组)决赛评定名次的，但必须是以客观标准(时间、距离、环数等)评定运动成绩的项目。不分组顺序法用于在同一比赛时间内只能有一人依次进行比赛的项目，例如田径运动中的各种田赛项目(跳跃、投掷)。顺序法的优点：参赛者的竞赛条件基本相同，对抗因素强，竞争气氛浓，有利于参赛者锻炼意志，有利于创造好成绩；缺点：费时较多，在参赛人数众多时难以评定全部参加者的成绩和名次。

第三节　体育竞赛的组织与编排

一、一般运动竞赛活动的组织方法

军队体育竞赛活动是军队体育工作的一个重要组成部分，是一项十分严密细致的工作。为了保证竞赛活动的顺利进行，必须对竞赛过程各个环节的工作进行周密的组织。

(一)组织方案

组织方案是竞赛活动的依据,其主要内容:①确定竞赛活动的性质、目的、任务和名称;②根据竞赛活动的地址、时限、竞赛组别、项目、参加单位和人数的多少,确定竞赛活动的规模;③根据竞赛的规模和特点,成立相应的办事机构,明确各类人员的分工和职责;④根据竞赛的需要,预算竞赛活动经费;⑤说明竞赛活动筹备工作的几个阶段和主要工作步骤。

(二)竞赛规程

竞赛规程是竞赛活动期间的工作依据,是保障竞赛活动顺利进行的法规性文件。竞赛规程经主办单位通过后,要尽早发给有关单位,以便做好报名及各项准备工作。

竞赛规程的内容一般包括:竞赛名称、目的任务、主办单位、比赛日期和地点、参加单位和各单位参加人数、组别、运动员资格、竞赛项目、比赛规则、计分、录取名次和奖励办法、裁判员及运动员报名时间和办法、报到、领队会议、抽签的时间和地点、服装、交通、经费等方面的规定,其中心任务是明确竞赛办法。

(三)做好竞赛裁判员队伍的工作

运动竞赛的裁判工作是直接关系到比赛能否顺利完成的关键,因此各项比赛先要聘请或聘任思想作风正派、熟悉业务、精通裁判规则和方法、具有较强组织能力的高级别专项裁判担任裁判长。

选派专项级别的裁判员组成裁判队伍。不论任何级别的竞赛,在比赛前一定要组织裁判学习规程、规则和裁判法,统一尺度和要求,对竞赛中可能出现的问题统一认识和处理方法,并进行必要的考核和实习。

(四)安排场地,检查器材

竞赛场地安排的合理与否,对竞赛的公平性和时间的使用有着重要的意义。安排合理可以节省工作时间,保证各项比赛条件均等。对器材的检查目的是看比赛器材是否符合比赛规定,并确保比赛中的安全使用。

抓好赛场秩序,搞好宣传教育工作;及时公布竞赛结果;做好赛后成绩的整理、登记、记录等归档工作。

体育竞赛的编排工作是实施竞赛计划、竞赛规程的重要环节,它主要有两方面的工作:一是编排比赛秩序册;二是进行单项比赛的编排。

二、体育竞赛的编排

(一)比赛秩序册

比赛秩序册是竞赛工作中的指导性文件。其内容包括:竞赛规程、仲裁委员会条例、裁判员守则、运动员守则、体育道德风尚奖评比条件、组委会名单、仲裁委员会名单、办事机构与人员名单、运动队及运动员名单、各代表队人数统计表、竞赛日程表、大会活动日程表、作息时间表、开闭幕式程序、比赛场地示意图等。有些比赛还有一些特殊的内容或要求,都要编入秩序册中。例如，田径比赛在竞赛日程后要有“竞赛项目分组表”，球类比赛应有“比赛成绩记录表”，有的比赛在秩序册中还附有“等级运动员标准”“最高成绩纪录表”等。

(二)田径比赛的编排

田径比赛的特点是竞赛项目多，运动员人数多，比赛赛次多，信息量大。田径比赛的编排工作内容主要是编排竞赛日程、竞赛分组、总秩序册以及临场后继赛次的编排等。

1.编排的基本原则

田径比赛秩序册编排的合理与否，直接关系到整个竞赛能否顺利进行和运动员技术水平能否正常发挥。因此，编排各项比赛秩序时应遵循下列基本原则：①尽可能考虑给参加下一赛次的运动员留有适当的休息时间。②径赛的长、短距离跑，田赛的跳、投项目，以及男女项目和不同组别要交叉编排。③照顾兼项，对某些竞赛项目应分开编排，以减少兼项运动员在参加比赛时间上的冲突。一般规律参考：100 米和 200 米，200 米和 400 米，400 米和 800 米；800 米和 1 500 米，1 500 米和 3 000 米，5 000 米和 10 000 米；100 米和跳远，400 米和 400 米栏；100 米和 4×100 米接力，400 米和 4×400 米接力；跳高、跳远和三级跳远，标枪、铁饼和铅球。④跨栏项目一般可安排在单元赛的第一项或最后一项，也可以排在长距离跑的后面，以减少摆放栏的时间。⑤决赛项目和精彩项目相溶排列，使赛场保持活跃的气氛。⑥不同组别同一项目的径赛尽量衔接起来，以便于起点和终点裁判的工作。⑦短距离跑的项目，采用预、决两个赛次时，最好安排上午预赛，下午决赛。⑧径赛项目编排时，要根据参赛人数和跑道数确定组数，每组比赛人数力求平均。

2.竞赛期间的编排记录工作

(1)记录组的工作：①在比赛期间，负责收集和保管各项竞赛记录表；②收到径赛项目的预、复赛成绩结果后，尽快排出下一赛次的分组、分道表，并分别交给公告、检录、终点和起点裁判员。

(2)记录公告组的工作：①及时公布参加复、决赛运动员的号码、姓名、单位；②及时公布各项决赛成绩(一式 3 份：一份交成绩宣告、一份张贴、一份存档)；③及时收集各项决赛成绩，并填入总记录表和团体总分表；④登记成绩，计算团体总分，核对全能运动员的成绩和得分；⑤整理核实破纪录的人数、项数和次数，填写破纪录单。

第四节　成绩与名次评定方法

评定成绩和决定名次是竞赛工作中的重要一环，它包括个人和团体两种。

一、评定个人(或集体)比赛成绩和名次的方法

个人(或集体)比赛的成绩，一般都按各项运动竞赛规则的规定来评定，然后根据成绩决定名次。在运动竞赛的实践中，一般评定成绩和决定名次的方法有三种。

(1)根据客观标准评定。在各运动项目中，凡以时间、距离、重量、数量等客观标准衡量运动成绩的，按所创造成绩的好差确定名次。若遇两人或两人以上成绩相等时，按竞赛规则和全过程规定的办法办理。

(2)根据规定条件和动作质量评定。由裁判员根据规定的条件、运动员完成动作的质量、

动作的难度等评定分数，然后再以裁判员的平均分数计算个人成绩，并依据分数的多少决定名次。若遇两人或两人以上成绩相等时，一般名次并列。

（3）根据战胜对手或特定因素评定。裁判员根据规则的规定和特定因素评定成绩和决定名次，如篮球、足球以在规定的时间进球数定胜负。排球、乒乓球、羽毛球以局为单位，以三局二胜、五局三胜或七局五胜制定胜负。

以篮球、排球、足球为例，评定方法有以下几种。

（1）篮球竞赛决定名次的方法。胜一场得 2 分，负一场得 1 分，弃权得 0 分，按积分多少决定名次，积分多者名次列前；如果两队积分相等，则以两个有关队之间的比赛成绩排列名次；如果两个以上的队积分相等，则以这几个有关队之间比赛成绩排定名次；如果仍相等，则按他们之间比赛时的得分率，即总得分数/总失分数排列名次，率高者名次列前；如果再相等，按他们在全组内所有比赛的得失分率排列名次。

（2）排球竞赛决定名次的方法。胜一场得 2 分，负一场得 1 分，弃权得 0 分，按积分多少决定名次，积分多者名次列前；如果两队或两队以上积分相等，则按积分相等的各队在全部比赛中的 C 值大小来决定名次（C＝胜局总数/负局总数），C 值大者名次列前；若 C 值仍相等，则以各队 Z 值大小（Z＝总得分数/总失分数）决定名次，Z 值大者名次列前。

（3）足球竞赛决定名次的方法。循环法胜一场得 3 分，平一场得 1 分，负一场得 0 分，积分多者名次列前；如果遇两队或两队以上积分相等的队在同一循环全部比赛中的净胜球多少决定名次，净胜球多者名次列前；如果仍相等，则按其在同一循环全部比赛中的进球总和决定名次，进球总和多者，名次列前；如果再相等，则抽签决定名次。淘汰法若打成平局，采用加时赛和互罚点球的办法定出胜负。

二、评定团体竞赛成绩和名次的方法

团体的名次，一般是在各单位运动员（队）成绩和名次的基础上计算评定的。通常采用的方法有以下几种：

（1）按运动员所得分数的总和决定。它适用于田径、游泳、速度滑冰等多项运动。依据竞赛规程规定，按录取运动员的名次得分的总和决定团体名次，得分总和多者，名次列前。

（2）按规定参加人数所得名次的总和决定。它一般用于以时间、距离、重量及次数确定成绩的单项团体比赛。这种办法规定每队参加人数相等，按各队运动员的名次计算得分多者为胜。

（3）按运动员的平均成绩决定。在采用这种方法时，必须计算每一团体的总成绩，然后以人数除总成绩，求得平均成绩来定名次。以平均成绩决定团体名次的方法，适用于团体人数不相等的情况，这对按单位总人数的一定比例进行的比赛比较合适。

（4）按完成标准的运动员人数决定。采用这种方法目的在于鼓励更多的人参加比赛。采用这种方法时，赛前各参加单位先报一个控制数字，以控制数字为基础，可将实际参加人数和达到标准人数比较，以百分比的大小定团体名次。

评定团体成绩的方法对鼓励广大群众参加比赛，促进群体活动的广泛开展和提高运动技术水平有着重要意义。

以上几种方法，仅是一般常用的，在实际工作中还可以创造更多的方法。

不论用什么方法确定名次，都难免有成绩相等胜负难分的情况。为了解决此问题，各项运动的比赛规则中都适当地规定一些具体办法，如篮、足球有延长比赛时间决胜的办法。在确定团体名次遇到成绩相等时，应按竞赛规程中规定的办法解决。在采用评定成绩和决定名次的方法时，应注意以下几个基本要求：

(1)采用的方法应力求客观，防止偶然性因素的出现。

(2)应尽量使参加比赛的团体和个人在基本相等的条件下参加竞赛。

(3)应严格遵守竞赛规程和比赛规则的规定。

(4)应使参加比赛的团体和个人在竞赛中得到鼓励，受到教育。

第十一章　部队常用大型文体展示项目

部队平时军事训练任务重、项目多、时间少，为巩固训练效果，丰富文体生活，大型的团体表演与竞赛成为部队常用的促进训练与活跃文化生活的训练形式。大型文体展示是部队在重要节日和活动时经常举办的活动。

第一节　部队常用大型文体展示项目

结合部队训练任务、年度训练计划安排和部队实际情况，可以将常用的团体表演项目分为以下几个类别。

一、军事训练类项目

结合日常军事训练科目演变而来的团体表演项目是院校与部队最常用的展示项目，这些内容既能够强化巩固日常军事训练内容，同时在练习的过程中又能够提升整体凝聚力，无形中增强军人个体在集体中的使命感、责任感和集体荣誉感，还可以锻炼军人指挥与组织管理能力。军事类项目可以作为团体表演的主要题材就是格斗对抗类项目的展示。目前，部队格斗类项目是主要训练科目之一，除延用的军体拳是普及性项目之外，在《新大纲》颁布实施后，格斗术也日渐成为主要格斗类训练项目，格斗术相比较于军体拳来讲更具有实战性，动作也更具有观赏性。因此，在编排这类团体表演时，可以在原有军体拳的基础上结合格斗术动作进行深加工，在套路动作的选取上多采用简单易学、外形观赏性强、动作力度好、易于表现军人气质的动作，还要依据表演方队人员素质特点、对动作接受能力好坏来合理选取动作。集体表演项目强调的是集体性、整体性，因此表现好坏才是成功与否的关键。

格斗类团体展示项目一般有以下内容：军体拳表演、格斗术表演、防暴术表演、擒拿术表演、倒功表演、跆拳道表演，还可以延展为部分对抗类项目，例如一招制敌术表演、散打表演、刺杀操等。

二、常用文体类项目

部队除日常军事训练外，业余文化生活内容相对贫乏、枯燥，基本是以常用球类运动和跑步来替代的，其实这些内容也能够成为团体表演项目的素材，但要将这些常训内容稍作加工就能延展成一些实用性强的表演项目。

(一)篮球裁判操表演

将篮球裁判手势进行深加工，将裁判动作合理划分为以口令形式展示的动作。这样既学习了篮球裁判规则，也学习了临场执裁的手势，为部队开展篮球运动提供了平台、拓展了空间，也为其他训练科目的开展提供了借鉴。

(二)常训技能动作表演

军事训练内容中,有很多难度大不易于掌握的单个技能动作,例如单兵战术中的一些战术动作、体能训练中通过障碍的一些技术动作,这些内容同样可以延展为表演项目。可以将训练内容中这些有共性的动作进行筛检与分类,再按照动作完成的技术环节进行合理的分解与组合,使之易于掌握、易于组训、易于整体配合。大致可以编排的项目:击剑运动步伐展示,高低障碍的穿越展示,战术中的匍匐与前进展示,团队凝聚力训练中抗连环沙袋动作的展示,圆木训练展示,体能训练中的绳操,等等。

三、综合性文体类项目

提到大型团体表演其主要功能是活跃文化生活,庆祝大型重要节日与活动,因此,主题鲜明带有文化娱乐性质的综合表演项目在部队中最常见。根据部队活动的整体要求、节日活动的特殊性、庆祝活动的主题要求可以编排的项目有以下几个内容。

(1)开运动会或者军事比武时,在开幕式上可以展示的项目:徒手健身操、有氧跑跳操、哑铃操、基本的武术套路、简单的武术器械(如棍术),女兵多的单位可组织啦啦操、韵律操。

(2)遇到大型节日或者部队搞大型庆祝活动时,可表演的项目:欢庆腰鼓、红旗操、彩旗操、扇子、花环、藤圈、彩球、伞、花朵、手电筒、火炬、哑铃、各种武术、军事器械、集体舞等。

(3)排练时间不够时,可以根据主题需要在原有团体表演项目的基础上变换道具、背景和音乐,形成新的组合。

第二节　特点与功能

大型文体展示项目是一项复杂而细致的系统工程,它集军事训练与多种艺术形式于一体,融体育、舞蹈、音乐、美术为一炉,以体操内容及表现形式为主的一项群众性体育表演项目。大型文化展示项目是由几十人、几百人在开阔场地上,做着整齐划一、矫健优美的军事训练科目、武术、徒手或器械体操、舞蹈等动作,它往往以快速而巧妙地队形变化组成绚丽多彩的图案与造型,并配以音乐、服装、道具乃至看台背景等所构成的能表达一定思想内容的表演整体。

1.基层部队大型文体展示项目的特点

大型文体展示项目的内容丰富,形式多样,其表演规模可大可小,可在室外体育场或广场举行,也可在室内体育馆里举办。它的特点是主题鲜明,参与人数多,场面大,气势磅礴。一般是在重大节日、庆典活动和运动会开幕式上表演。

2.基层部队大型文体展示项目的功能

大型文体展示项目能寓宣传、教育于表演之中,积极宣传党和国家的基本路线、方针、政策,丰富部队文化生活,激励官兵奋发向上,同心同德,建设祖国美好未来的精神力量。大型文体展示项目是一项集体进行的表演项目,它需要全体表演人员不懈的努力与通力协作,通过严格的训练对增强参训者体质,培养良好体态,加强集体主义观念和组织纪律性等都有明显的效果。

3.基层部队大型文体展示项目的基本要素

(1)动作。表演者在灵活多变的队形中,通过表演各种类型的动作,以集体协同、整齐划一的形式来表达主题思想和内容,以达到表演目的的一种手段。

(2)队形。集体展示项目主要是依靠人体的流动,通过千变万化的队形和寓意深刻的图案来表达主题与宗旨。

(3)艺术装饰。服装、道具、背景的美工设计以其本身固有的艺术特点和方法充实丰富表演的内涵,提高表演的艺术性和观赏性,这是现代团体操不可缺少的基本要素之一。

(4)音乐。音乐是展示项目的"灵魂",它起到指挥全场表演、点明主题、烘托气氛、增强表演效果的作用,对表演的艺术感染力有着举足轻重的作用。

第三节 组织与计划

一、大型文体展示项目的组织程序

部队开展大型文体展示活动的时候大多数是依据当年年度工作计划安排、部队驻地文体活动安排以及临时出现的一些军事任务而开展的,因此从展示项目的筹备、立意开始,到正式表演结束,是一个复杂的系统工程。它牵涉参加表演的单位多、人数多,因此需要一个健全、精干和有力的组织机构,以保证展示任务的顺利完成。整个工作可大致分四个组来共同协作完成。

1.组委会

组委会负责政治思想、宣传教育工作,对展示项目的要求、意图要做明确指示,使之切实满足部队当前军事训练与文化需求。

2.创编组

创编组制订展示方案、负责文体展示主题与背景的创编。首先要制订一个切实可行的展示表演方案,根据活动主题的要求,设计与创编队形和动作,并绘制队形图及编写简单易懂的文字说明,以便各分队在单独训练时有训练指南;其次,确定并设计表演服装、道具式样与色彩;最后,创作表演内容所需的音乐,如果有条件的话可以先进行分工创作,再集体把关,充分发挥集体力量和个人创作的积极性。

3.后勤组

后勤组负责展示项目物资材料计划,服装、道具及背景用具的制作、保管与分发,场地器材的准备与布置,训练时间的安排与协调。

4.训练组

训练组必须在训练中按计划系统地完成各阶段的表演内容和训练任务,并在实践中不断修改、充实、完善表演方案。除此之外,还应逐步完成服装、道具的准备以及背景画面的配合训练。

二、大型文体展示项目的计划程序

(一)确定表演人数

在确定表演单位的同时,应根据该展示项目的要求提出对人员的要求,例如人数、性别、年龄、身高、体育水平、思想作风、学习情况、健康状况等。表演人数应根据表演内容和表演队形(以散点队形为基础)来确定。同时还应选留一定比例的候补人员，候补率保持在3%左右即可。

(二)创编展示内容

大型文体展示项目的创编是随着部队军事训练的发展而不断变化的，一方面它反映部队大型活动的宗旨、部队所在地域的民族风格特色和部队长期军事训练的特点；另一方面随着时代的发展，它反映着某一时期的文化视点，为部队各类活动增添热烈、隆重的气氛，同时又是一种人与人之间相互沟通的桥梁，能增强军人个体在集体中的团队意识以及自身的责任感。创编工作的好坏直接关系到展示表演的效果，直接反应该部队军事训练与基层文化生活的实况。因此，需要全体创编人员予以高度重视，深入实际调查研究，分析探讨上级赋予的任务所要表现的主题思想、形式与内容，选择最具时代感、最有代表性和具有教育意义的题材加以概括、提炼，大胆创新，认真细致地做好创编工作。

1. 创编的依据

以组织活动的性质和上级所提出的宗旨及具体要求，作为创编的指导思想。例如，军事大比武的宗旨是“战斗、拼搏、必胜”；综合性运动会的宗旨是“竞技、健康、参与”；大型节日的宗旨是“隆重、喜庆、精彩”；部队大型军事任务庆功会的宗旨是“热烈、振奋、威武雄壮”。创编必须依据可参加表演的单位与人数、训练个体的具体条件(包括性别、年龄、体能水平、个人纪律性等)、训练时间、训练场地的情况以及组训人员的指挥能力等，合理安排表演形式、表演内容的难易程度。

2. 创编应注意问题

创编动作时应以中心思想与风格特点为依据，动作应具有代表性、典型性并运用夸张的手法，在形体上、节奏上予以艺术加工，使之更好地反映主题。动作应适合队形的特点，不同的队形适合做不同的动作，同一动作在不同的队形中表演，效果也不同，因此在创编动作时必须处理好动作与队形的关系。例如在圆形队形中，适合做各种开、合、转、向圆心聚、散以及沿圆的轨迹跑跳等动作；在散点队形上，徒手体操与持轻器械的动作均可，关键是要选编易于整齐划一的动作；在综合队形上的动作则应注意主次分明，应给以十分清晰的感觉。创编动作时，要处理好动作本身及动作与动作之间的各种关系：①动作的齐与乱：可选择简单、容易接受、容易整齐、幅度大、对比强的动作；②动作的难与易、重点与一般：部队战士的身体训练水平和技术基础不尽相同，在人数多、训练时间短的情况下，选编的动作应尽量容易，有时可安排绝大部分人员在适当的队形上，以低姿势做简单的陪衬动作，选择少数体育基础较好的人员做难度稍大的动作；③动作的大与小、高与低：集体表演的特点是人多、场面大，观众距离表演场地较远且较高，在创编动作时要特别注意选择能显示动作特点的方向、角度，具有大效果和远效果的动作，如大幅度的挥摆、绕环动作，身体由全蹲至直立或由直立至蹲、撑、卧、大弓步以及能连成线、形成面的动作等；④在大幅度动作的表演中适当配合些小幅度的动作可以使其形成鲜明对比，即使是同一动作也可有姿势高低的变化，如直立两臂侧上举和全蹲动作，可安排单数行先下蹲，双数行则直立两臂侧上举，按照规定的拍节交替进行，虽然动作不难，但具有明显的起伏变化和较好的画面效果。

第四节　训练与实施

一、队形设计及编排方法

表演队形及其变化是根据展示项目的特点以及主题思想通过科学巧妙而有规律的队形变化，将表演者合理地安排在运动场上。它的特点是个人移位小，而全场动势大，充分利用人多的优势创造出壮观场面。例如，通常用五角星队形或红旗来歌颂党的领导，用圆形、花朵形象征幸福、美好生活，用五环象征奥运精神，用组字与会徽相结合的队形来反映活动的宗旨和主题等。一般常用队形：①散点队形，指间隔距离相等的体操队形，它是各种队形变化的基础；②直线队形有横排、纵队、斜排、长短不同的线条队形；③带角队形有三角形、方块形、菱形及锯齿形等；④圆形和弧形队形有扇形、花朵形、单层圆、双层圆及多层圆等；⑤综合队形是指以上两种或两种以上队形组成的简单和复杂的画面等。

(一)入场队形

可由正面、后场、侧面、四角、采取同时、依次、分散、集中的方法入场。考虑到部队战士个体的差异以及组训人员能力素质的不同，一般常用的入场队形大多采用如图 11－1 所示的几种。

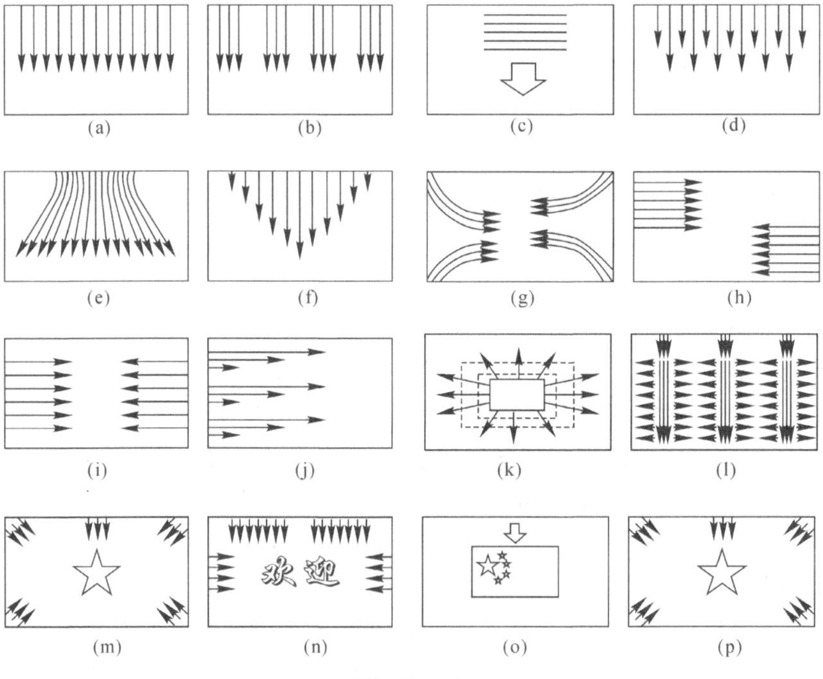

图　11－1

(a)后场整体进入；（b)后场分组整体进入；（c)密集方阵进入；（d)依次交替进入；（e)由密集到放射
(f)尖角形依次进入；（g)由四角几大拢同时进入；（h)由两侧集中几路进入；（i)由两侧同时进入
(j)由一侧一层一层进入；（k)由不同方向集中到场地中心再向四周分散；（l)由密集几路纵队向两侧分散
(m)由不同方向进入形成图案；（n)由不同方向进入形成主题鲜明的图案
(o)整体国旗进入；（p)由不同方向进入形成图案

(二)场内表演队形

场内表演队形如图 11－2 所示。

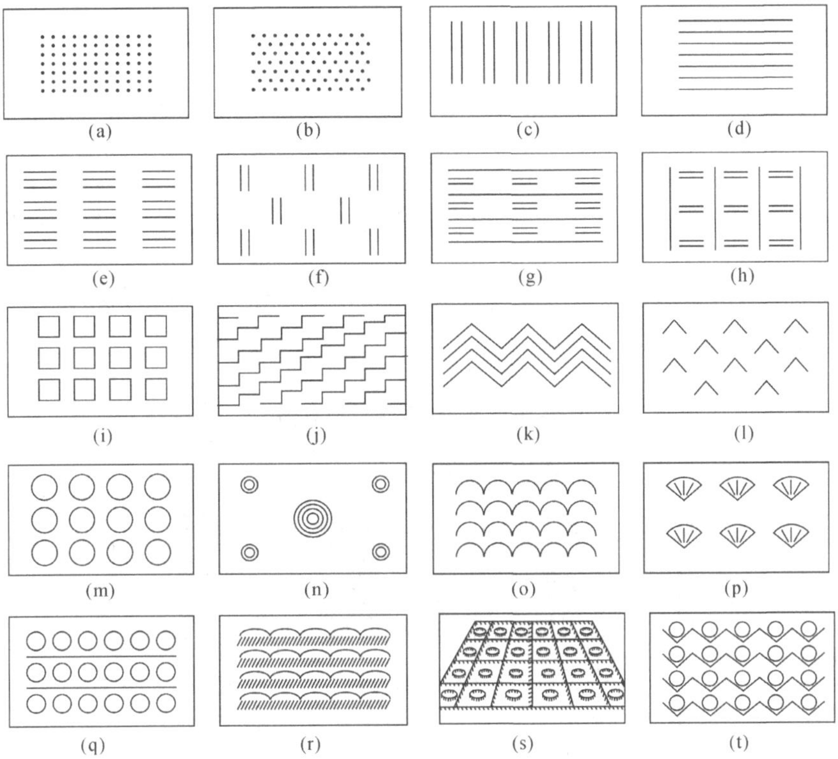

图 11－2　场内表演队形示意图

(三)图案队形

图案队形的变化有两种方法：一种是采用规律的分组，安排一定的过度形状，不知不觉逐步形成，要求变化速度快，路线有规律，能形成流动中的表演；另一种是分好路线、位置后，同时开始跑动，经过一刹那的"乱场"，快速同时跑到位置组成图案，显示图形，显示图形时最好用低姿势，下蹲或卧地效果最清楚。常见的图案队形如图 11－3 所示。

(四)退场队形

退场队形一般是密集成几个方阵，根据后续表演各场的衔接选择不同方向退场或保持完整图形退场。退场时根据场内表演的最后一个队形以及表演场地所提供的具体条件，可向场地的前方、后方、一侧、两侧、斜角、四角或不同方向退出(见图 11－4)。

(五)队形变化的基本方法

队形的基本变化是根据表演内容的需要、表演人数、基本队形的行数与排数，按照一定的顺序，合理地划分成若干相等的或者是小的区域，然后在一个区域内找出所需队形的基本路线和方法，其他区域按同一方法进行变化，就会形成全场一致的变化效果。队形变化的基本方法有合并法、分段法、分散法和分区法四种，对于较复杂的综合队形的变化，则可以采用直接变化或者逐步过渡的方法来完成。

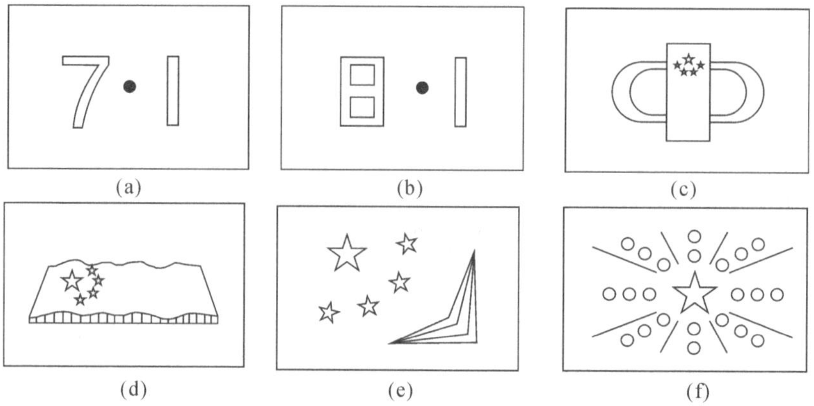

图 11－3　图案队形示意图

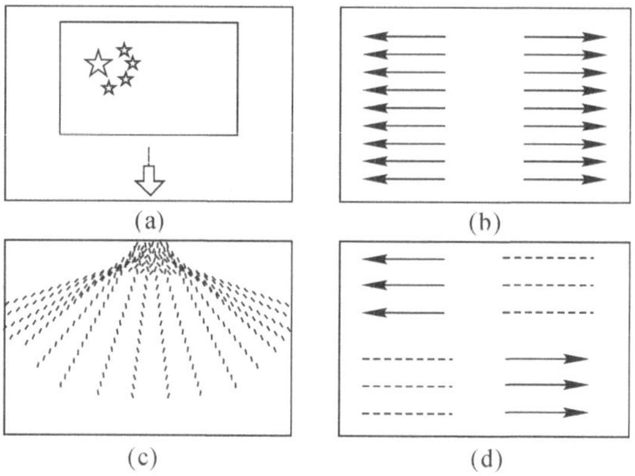

图 11－4　退场队形示意图

1. 合并法

合并法通常是由散点、小横排、纵行、小弧形、小圆形、小的带角队形等迅速而有规律地合并成需要的大的队形或图案。

(1)由散点变横排队形(二合一)。

组织教法：在散点队形的基础上，每行由前向后 1 和 2 交替报数，变队时报 2 数的为基准排不动，报 1 数的向后插到 2 数的左侧(或右侧)，左右看齐(见图 11－5)。此方法也可按相反的方法变化。

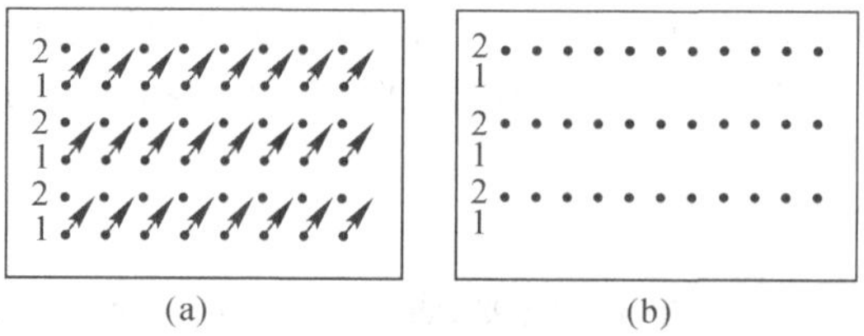

图 11－5　由散点变横排队形的示意图

(2)由散点变密集横排(三合一)。

1)组织教法1:散点队形的每一行由前向后1～3报数,变队时报2数的为基准排不动,报1数的向后退插在2数的右边,报3数的向前插在2数的左边,成密集的一列横排(见图11-6)。

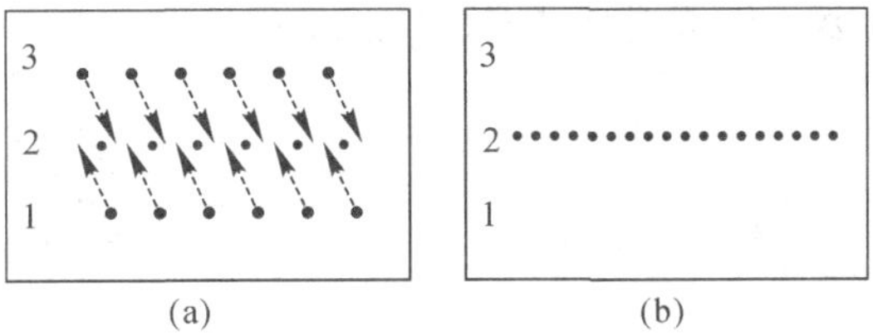

图11-6　由散点变密集横排组织教法1示意图

2)组织教法2:每行由前向后1～3报数,变队时报1数的为基准排不动,报2数向前走插在1数的右侧,报3数向前走插在1数的左侧,成密集大横排,自动迅速看齐(见图11-7)。这种队形变化的方法根据需要也可向后插,与向前插的方法一样。

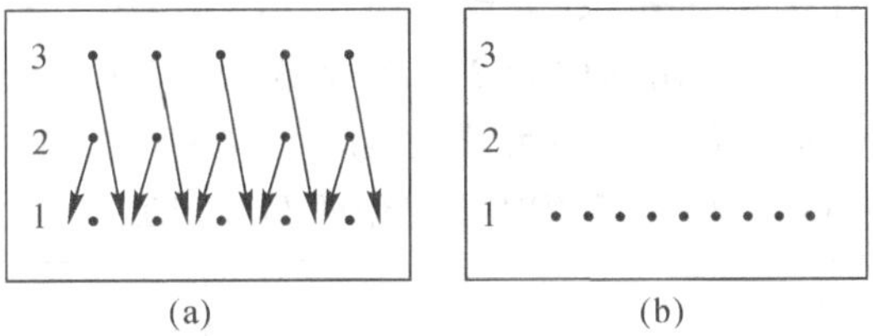

图11-7　由散点变密集横排组织教法2示意图

(3)由散点变密集纵队。

组织教法:散点队形上,每横排由右向左1～3报数。变队时报2数的不动,报1数的向左前走插在2数的前面,报3数的向右后走插在2数的后面,自动前后看齐(见图11-8)。

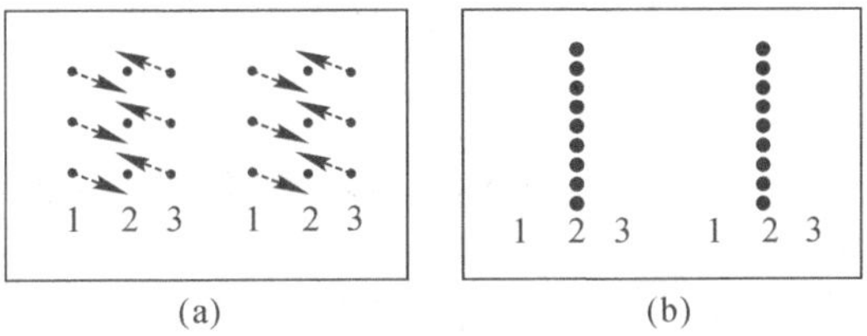

图11-8　由散点变密集纵队示意图

(4)纵队上的交错散点,变成横排上的交错散点。

组织教法:纵队由前向后1和2交替报数,各纵队的1数和2数交换位置即可(见图11-9)。

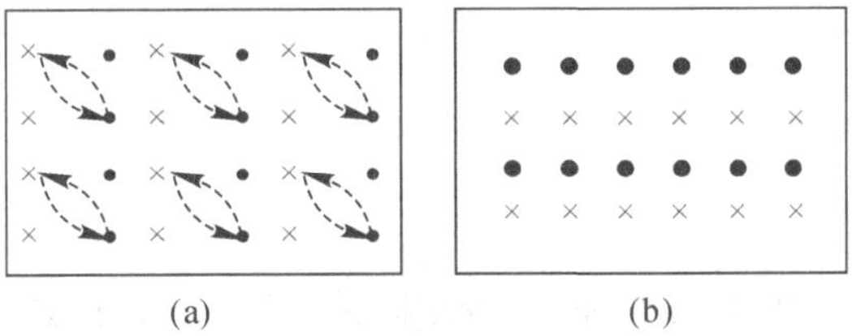

图11-9　纵队上的交错散点变成横排上的交错散点示意图

(5)散点变斜排(二合一)。

组织教法:每横排从右向左 1 和 2 交替报数,明确单数行和双数行,每个单数行由前向后 1 和 2 交替报数,每个双数行由前向后 2～1 倒着报数,每个纵队上的 1 数不动,所有 2 数向左前方移动至两个斜向的 1 数中间成斜排队形(见图 11－10)。

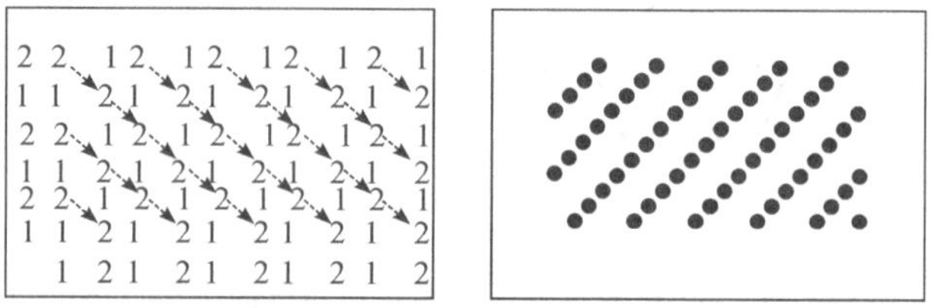

(a)　　(b)

图 11－10　散点变斜排示意图

(6)散点变密集斜排(三合一)。

组织教法:全场由右向左 1～3 报数,分成多组 1,2,3 路,第一路由前向后 1,2,3 报数;第二路由前向后 3,1,2 报数;第三路由前向后 2,3,1 报数,并记住自己的号数,听到变队的信号后,2 号队员不动,1 号队员向右后方退一大步,3 号队员向左前方跨一大步,站到 2 号队员之间,然后向斜排看齐(见图 11－11)。还原时按变化的路线退回。

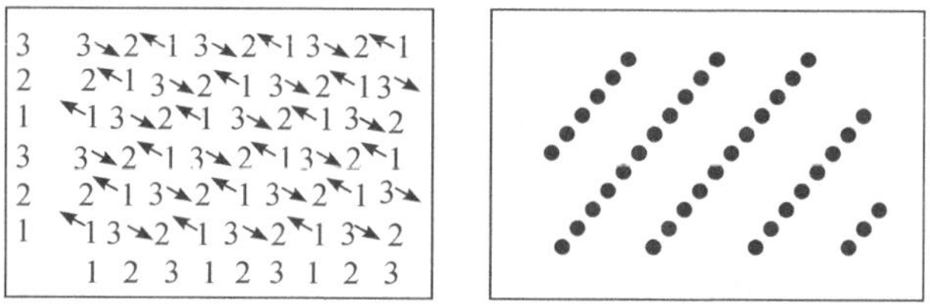

(a)　　(b)

图 11－11　散点变密集斜排示意图

(7)由横排变纵队。

组织教法:在横排上从右向左 1～4 报数,1 号不动,2～4 号分别向右前跑动 1～3 步(或 1～3 米),跑到 1 号的前面。

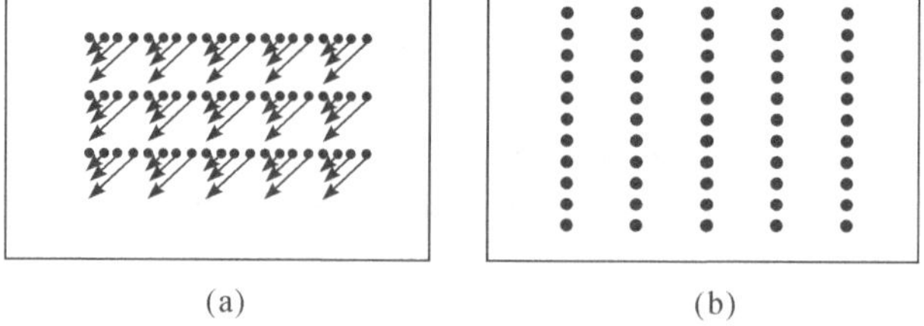

(a)　　(b)

图 11－12　由横排变纵队示意图

2.分区法

分区法是根据后一个表演内容队形设计的需要,将前一个表演队形划分成若干个大小相等的或者是不等的区域,然后在各区域中进行变队,从而形成全场变化效果的一种方法。若在数个大小相等的区域里进行规律性的变化,则可先在一个区域里找出所需要队形变化的方法,然后其他各区都按同一方法进行变化，就可以形成全场一致变化的效果。

例如，将散点队形变成大小相同的一个个小的区域。这种队形变换的组织教法：可将场上表演者所站的散点队形分成大小相同的12个区域，每个小区域均为16人，可向中间密集成一个个小方块，也可变成一个个小圆、菱形或交叉队形等(见图11-13)。

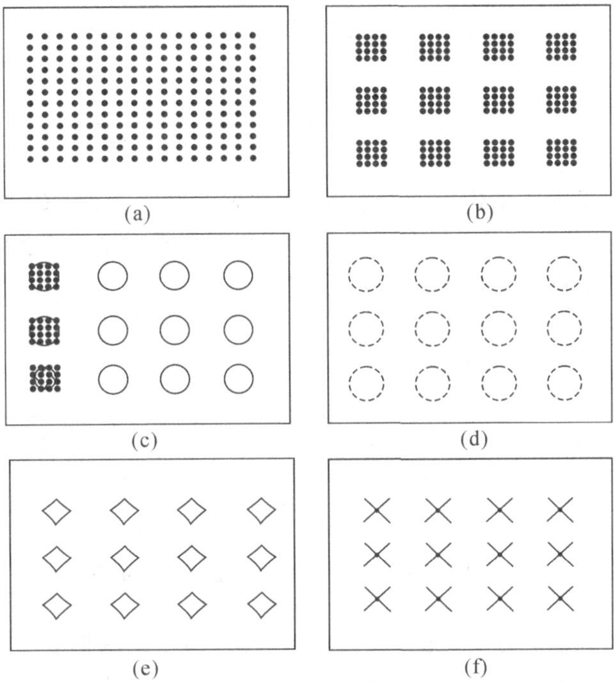

图11-13　由分区法排列队行示意图

3. 分散法

分散法是由集中的大的直线队形、圆形、带角队形或大的图案或组字等，根据表演的需要变化成分散的小队形或散点队形。

例如，由密集的方块形或图案向四周扩散成散点队形。这种队形变换的方法：首先明确每一个表演者变队时的方向和应到达的标记点的距离，然后从最外层开始，每隔四拍向外分散一层，直至全部到达各自的标记点上，即形成全场的散点队形(见图11-14)。

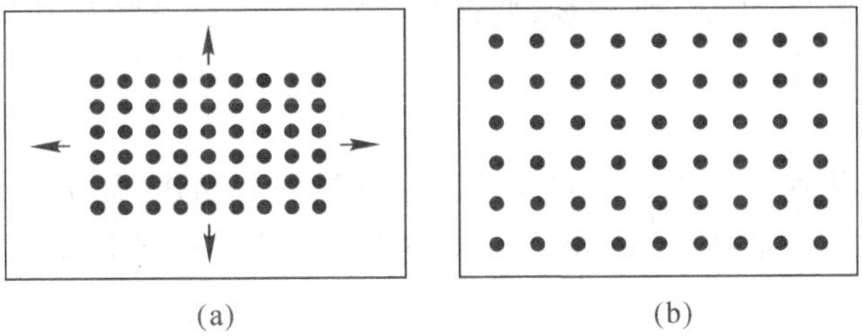

图11-14　由密集图形向四周扩散示意图

对于人多且较为复杂的综合队形或大的图案的变化时，则可综合运用上述几种方法将合并法、分段法、分区法、分散法交替运用，并按照各自变化的规律进行变化。例如，从散点队形直接组成“欢迎”二字，就是直接变化的，但变化之前，每个表演者必须明确自己在“欢迎”二字上的具体位置，并通过训练来实现（见图 11－15）。

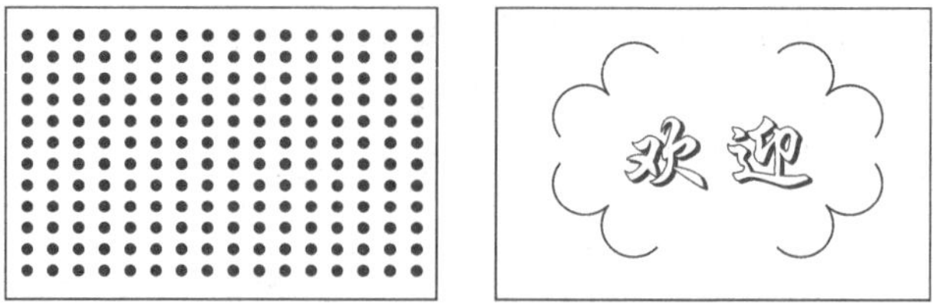

(a)　　　　　　(b)

图 11－15　由散点队形变成“欢迎”示意图

又如，为表达歌颂祖国或体现运动会主题，常在表演结束之前，安排一面硕大的五星红旗或会旗在场上飘动，组成国旗队形之前要经过全场的纵队或大横排或方块队形等变化，逐步有序地集中，过渡到国旗表演的队形上（见图 11－16）。

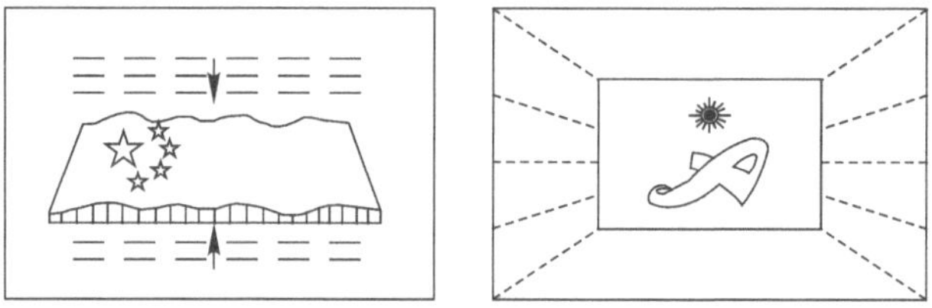

(a)　　　　　　(b)

图 11－16　歌颂祖国和体现运动会主题示意图

总之，在大型团体队形变化中，无论采取哪种方法，为了使队形变化迅速而又准确，采用基准人、基准点、基准排、基准行以及采用特殊标记予以提示的方法是行之有效的，对比较复杂的综合队形或图案的变化，从表演效果与实际需要出发，采用直接变化（即突变）或逐步过渡（即渐变）的方法均可。

（六）常用动作

1. 各种步伐，主要用于入场、队形变化和退场

（1）走步：齐步走、正步走、小碎步走及各种形式的走步。

（3）跑步：快跑、前踢腿跑、后踢腿跑、碎步跑、有节奏的跑等。

（3）舞蹈步：柔软步、足尖步、跑跳步、变换步、波尔卡舞步及华尔兹舞步等，体育舞蹈及健美操中的一些步伐也可选用。

2. 徒手动作

徒步动作是指由身体各部位的不同运动所组成的表演动作，徒手动作可以全体一致做、对称做、不对称做，也可交替做、依次做，也可在各种纵队、横排和圆上做形式各异的波浪动作。

3. 利用道具的动作

围绕主题运用各种道具来进行表演，根据道具的大小和使用的人数，可将道具分为大、中、小三种，即一人持用的道具称为小道具，两人或两人以上持用的道具称为中型道具。

4. 技巧动作

个人技巧动作常用易做的有倒立、下桥、劈腿等；双人动作有各种对称或不对称的动作，站立腿上、肩上、背上各种形式的托举；技巧及造型动作多为徒手表演，也可利用道具或在道具上

做造型动作。

5.武术与军事相结合动作

武术中的基本动作、各种拳术动作和器械的套路组合、部队常训科目如军体拳、格斗术、散打、搏击、对抗性练习，等等，这些内容稍做改动与加工都可以成为表演内容。

6.舞蹈动作

舞蹈有民族舞、民间舞、现代舞、国际标准舞、集体舞等。各种舞蹈动作可使表演内容更加丰富多彩，选用舞蹈动作时，应选择易于掌握、容易排练整齐的一些简单的基本动作及组合动作。对于较为复杂或难度较大的舞蹈动作只能由少数人表演，可设在表演的中心区，起到点缀的作用。在设计舞蹈动作时，不能拘泥于人物思想情感的变化，要特别注意表演的大效果、远效果。一般部队常用的舞蹈表演项目主要以集体舞、健身操、整齐划一的徒手或器械体操为主。

7.集体配合动作

集体配合动作的特点是个人动作非常简单，而互相之间运用依次、交替、反复等手段的配合就能产生各种气势的表演。其特点是场面大、壮观，而且在各种不同的队形上进行集体配合动作，可以组成不同的形象，产生不同的效果。集体配合动作形式多样，可以徒手配合也可利用各种轻器械和不同的道具配合，可在横排上和纵队上进行，也可在圆形上进行，集体配合动作包括依次动作和波浪动作两大类。

(1)依次动作。依次动作是在表演中被广泛采用的一种动作。它能使表演场面更加活跃、形象、有生气，不同的内容采用不同形式的依次动作，有助于突出主题。经常采用的依次动作包括：以个人为单位在不同队形上做的各种依次动作和以集体为单位在不同队形上做的各种依次动作。①以个人为单位的依次动作是指在一个队形上，由第一个人动作开始后，后面一个人接一个人依次进行同样的动作表演；②以集体为单位的依次动作，是指以两人以上为一单位做动作和以集体为单位按顺序依次结束同样动作，要特别掌握好各集体单位开始和结束动作的一致性。另外，不论是个人或集体做依次动作都要注意依次做动作的衔接时间，并在规定的起始与终止拍节内连续不断地完成同一动作，避免出现间断或几乎同时完成动作，以保证依次动作的连续性和完整性。

1)依次下蹲动作(见图 11－17)。

准备队形：密集的纵队、横队、单圆形、单方块队形等。

动作方法：在规定的节拍内，以最快的速度由站立开始，依次做全蹲，然后统一在一拍内还原成站立。根据不同的队形，可以由前向后做(或相反)；由一侧向另一侧做；由两侧向中央做；由中央向两侧做；分段做；顺时针方向做和逆时针方向做等。

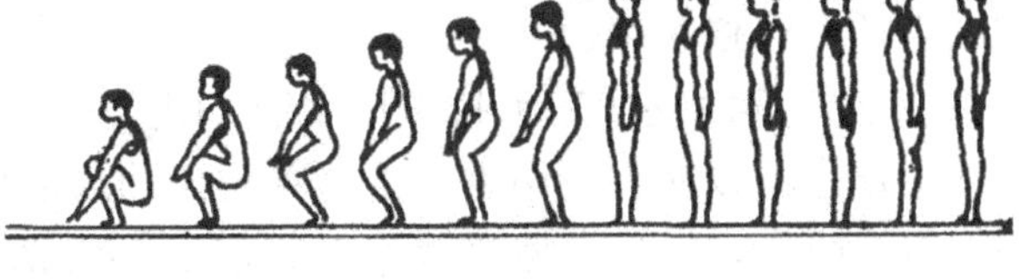

图 11－17　依次下蹲动作示意图

2)依次仰卧动作。

准备队形:站成密集纵队,单行或双行。

动作方法:由直角坐开始,两臂经侧上举至体前屈,同时向后依次仰卧(见图 11-18)。例如"光芒"动作:在组成的放射队形上徒手或持道具,由里向外做的各种依次的仰卧或开合等动作所形成的"光芒"四射的效果。又如,两路成密集纵队相对而坐,由前向后,两臂依次经前至上举并后倒成仰卧的动作。

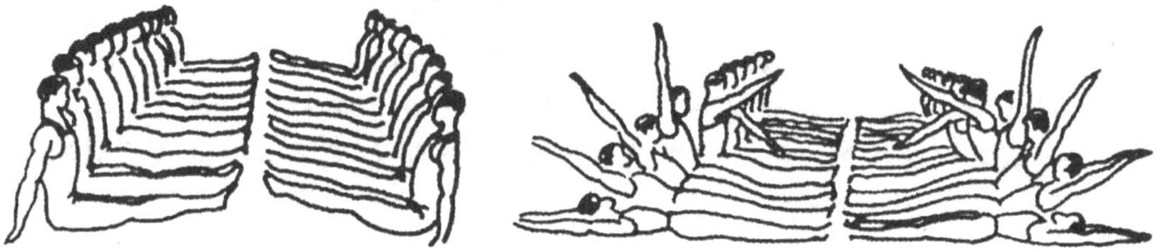

(a)　　(b)

图 11-18　依次仰卧动作示意图

3)依次体前屈成俯卧撑。

准备队形:密集纵队,面向一侧或面向两侧站立。

动作方法:由站立开始,身体重心前移,身体前倒,两手撑地后,迅速屈臂,缓冲身体成俯卧撑(见图 11-19)。

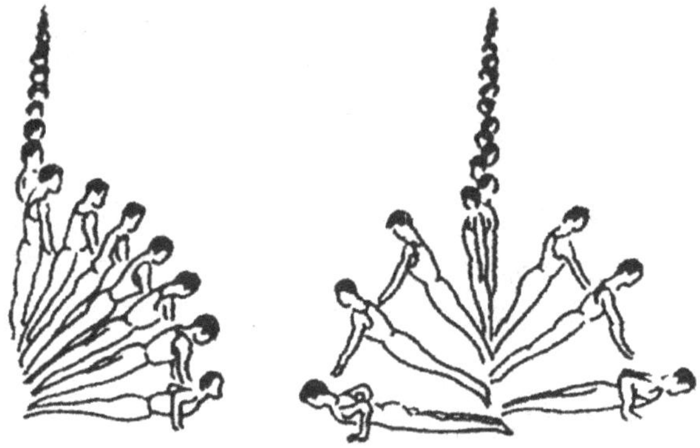

(a)　　(b)

图 11-19　依次体前屈成俯卧撑示意图

4)利用不同道具做各种依次动作。旗、花条、花朵、纱巾、藤圈、草帽、扇子等所形成的依次动作效果很好。

准备队形:密集纵队,由前向后依次传递做。

动作方法:手持道具,依次经上向左(右)摆动,持道具,依次向内绕环至侧举(见图 11-20)。

5)以集体为单位的依次动作。以两人或两人以上为单位所构成的单位之间依次做同一动作紧密衔接的连贯动作,可以在散点队形、多路密集纵队、横队、斜排队形上做,也可在全场小圆、方形以及各种图案队形上做。

6)三路纵队的依次动作。

动作方法:由三路密集纵队面向前全蹲开始,中间一路由前向后依次站立的同时,左、右两路由前向后依次起立并向外转，直体前倒成俯卧撑(见图 11－21)。

(a)　　(b)

图 11－20　利用道具做各种依次动作示意图

(a)

(b)

图 11－21　三路纵队的依次动作示意图

7)以集体为单位的依次下蹲动作。

准备队形：在散点队形上首先将全场分区(见图 11－22)。

动作方法：各区按先后顺序依次集体做动作。

8)以小方阵为单位的集体依次动作。

准备队形：小方块、小圆等队形(见图 11－23)。

动作方法：先将队形变成人数相等或不等的小方形或小圆形，形成一个个小方阵，以小方阵为单位做依次动作。

9)在各种图案上做的依次动作。

准备队形：多层方形、多层菱形和多层圆的图案(见图 11－24)。

动作方法：由里向外依次做的开合动作，可站立做下蹲或坐地成仰卧，其中仰卧的效果最好。

10)依次交替起伏动作。

准备队形：在不同队形上利用高、低两种不同姿势的动作对比来突出队形变化。

动作方法：在同一节拍下，一组下蹲做动作，另一组站立做动作，然后两组交替起伏。例如，在散点或密集纵队上的一路、两路或多路为一组做依次交替起伏动作；在散点或密集横队上的一列、两列或多列为一组，做依次交替起伏动作；在散点队形上，分区做交替起伏的动作（见图 11－25）。

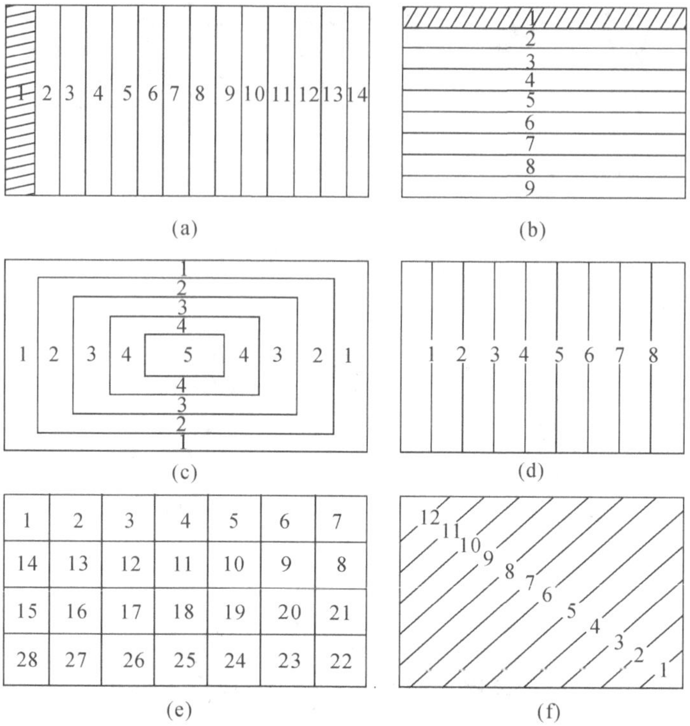

图 11－22　以集体为单位的依次下蹲动作示意图

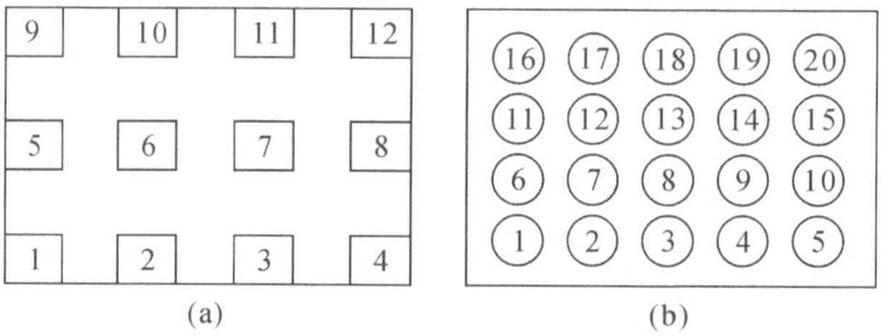

图 11－23　以小方阵为单位的集体依次动作示意图

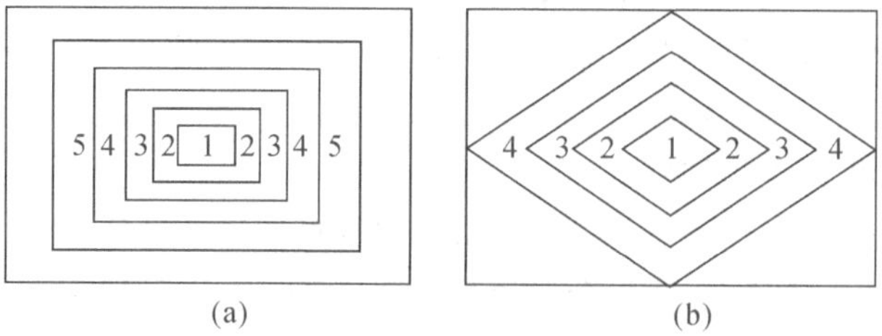

图 11－24　排列的图形

（2）波浪动作。波浪动作是指在各自位置上以不同的姿势协调配合，依次匀速地做着同样的动作，形成波澜壮阔、气势雄伟的场面。不同形式的波浪动作再配以不同的道具可用来表达

(七)背景表演的训练

背景的作用主要是密切配合表演,更清楚地点明主题。设置背景可使表演的范围扩大,不但起到扩大场面、烘托气氛的作用,还能起到掩护场内表演的作用,当场内复杂的图案出现乱场时就可安排背景的变化来转移观众的视线。

1.背景的组成形式

背景的组成形式是多种多样的,其方法概括为两种:一种是在看台上用人组成简单固定的操本背景;另一种是用人持不同道具(彩球、花束、绸布、闪光板、服装、帽子、手电筒等)连接起来组成可变化的字或画面,夜间可采用灯光背景。目前,表现效果好的背景有两种:一种是采用背景本的方法组成的背景,它的优点是变化多、变化快,既能组成静止的画面,又能表演许多形象生动且具立体效果的活动画面;另一种是用不同颜色的彩球或不同色彩的闪光板组成的背景。

2.背景人员的组训

组织背景表演一定要根据表演的需要,规模、表演场地的具体条件,经费情况,人力、物力、时间等条件酌情而定,并非所有的表演都得组织背景。背景表演的成功与否,取决于全体人员高度的工作责任感,严格的组织纪律性,熟练的表演技巧以及对指挥信号的熟练程度。因此,必须对全体表演人员进行认真、严格的训练,并将背景人员分区,按行分组,每行要配备一名预备队员,并配备教练员、骨干。背景训练的内容包括:①正确的坐姿,上体正直,两膝自然分开,坐在座位的中线上;②持背景本的正确姿势,准备表演时,两手抱握背景本,表演时打开背景本,左、右手的大拇指均在后,其他四指均在前捏握本,持本要做到平与直;③找页码,开合背景本的技术,表演者首先要看准所翻的页码是在左边还是在右边,然后将左(右)手顺本移至本子的上沿,用食指插入所要找的页码内,并迅速移回原握本的位置,准备开合本。

3.背景表演的指挥

(1)指挥台的位置。指挥台最好设在背景台对面较高而又隐蔽的地方,一般设在主席台一侧的较高层,使全体背景表演者都能很清楚地看到指挥台而又不易使观众发现,指挥所需的用具有红、黄手旗各一面,号码布若干(根据背景画面的数量而定),尺寸为长1米、宽0.8米左右,放置号码布的支架1个,对讲机或电话1部。

(2)指挥人员的组成及职责。指挥人员由3～4人(指挥1人、指挥监督1人、指挥助手1～2名)组成。其职责主要是按预定表演方案中背景出现的顺序与时机用旗语来指挥全体背景表演者的行动,指挥信号要简单、明确、易于掌握,指挥的器械是红、黄旗各一面,指挥右手持红旗,左手持黄旗,指挥信号一般分为“全体注意”“准备”“开”“合”四种。

指挥方法:①“全体注意”,指挥员右手持红旗上举,在头上左右挥旗,提醒注意号码本上的数字,并找到相应的页数;②“准备”,右手持红旗上举不动,提醒立即做好打开背景本或换页的准备,此时要求全体人员眼睛牢牢盯住指挥旗,等候打开背景本或换页的号令;③“开”,红旗自上向下挥旗,表演人员立即打开背景本或换页。在背景表演的过程中,每换一次画面,开合背景本一次,均按此法进行。

(八)场地的布置

场地的布置是一项细致而艰苦的工作,它是全体表演者在场内进行各种队形变化及动作表演时定位的客观依据。

1. 场地的基本要素

一般土地和草坪可采用钉布质、塑料质或铁质带的临时标记办法;水泥地、地板可采用及时贴或油漆等色料标明;还可在地毯、帆布或地膜上印制、粘贴标记或钉出标记来,其效果更好。标记号是在表演场地四周的边线上,以高出地面 20～30 厘米左右的号码牌插立于地上,以标明行与排的顺序编号。

场地上标记点的间距是以表演时的散点队形徒手动作为准的,也就是以基本点来站位,每个点之间的间距相等,一般多为 2 米或 4 米,成人采用 4 米为宜。当队员手持大道具或较长道具时还可采用 3 米、3.6 米、4 米的间距。总之,场地的布置要依据表演内容和道具的实际需求,确定标记点合理的间距。

布置场地所需人员一般包括:总指挥 1～2 人,负责拉绳尺的人员 2～3 人。钉点人员的数量依纵行上基本点的数量而定,例如纵行上有 30 个基本点,约需 15 人,即 1 人负责 2 个点;若人多,可用 30 人,即 1 人负责 1 个点,运送基本点标志物的人员 2～3 人。

布置场地所需要的物品:钢尺(100 米)、标有相同长度的绳尺、基本点标志物、辅助点标志物、特殊点标志物、序号牌、钉子、锤子、指挥信号物(口哨、手旗)。基本点可用铁皮、碎布、塑料片等制成。

2. 布置场地的步骤与方法(见图 11－26)

(1)确定场地中线的端点 A,B 两点,从中线中确定其中心点 O 点,通过 A,B 两点,分别拉出平行于跑道边沿又垂直于 AB 线的前后两条边线,即为 CD 线和 EF 线,使其成为“工”字形。并按照场地图纸上基本点的间隔、距离的要求,将 CD,EF 上的基本点由中间向外准确无误的钉出来。

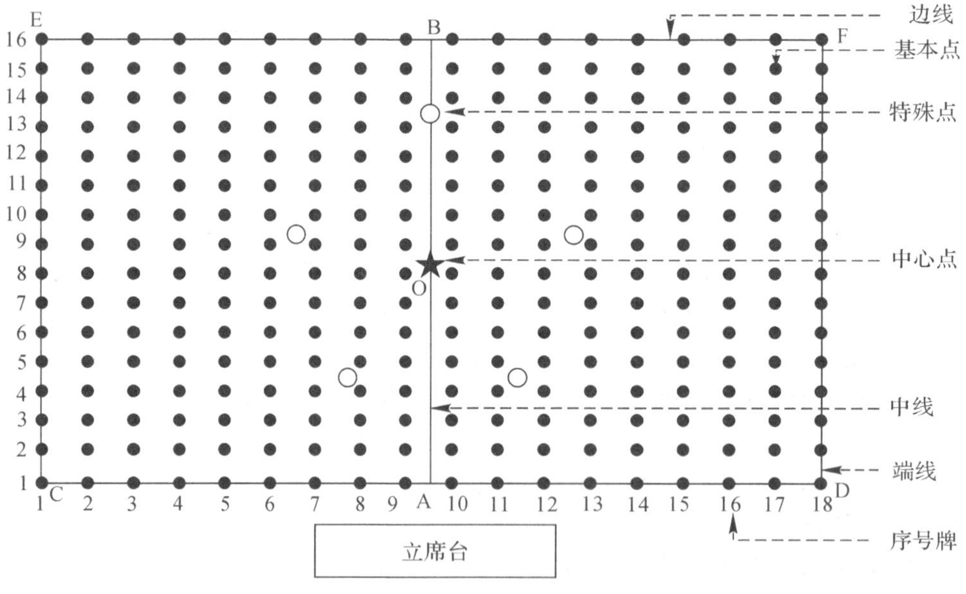

图 11－26 场地示意图

(2)钉标记点。在统一指挥下,按统一要求从中间分别向两侧,对场地图上的基本点严格地、有条不紊地、逐行地进行布置,具体方法:指挥员站在右(或左)半场的中间,面向中线进行指挥，边线 CD 上的拉绳人员以 CD 上的标记点为准，将绳尺的一端固定。边线 EF 上的拉绳人员则要抖动绳尺，并对准相应的标记点将绳尺拉直，固定在相应的点上。中间有一人检查绳尺是否准确并协助调整，钉点人员在绳尺的后边，面对指挥员，站于自己所要钉的标记点的后方，待指挥员下令“放点”时，立即将标记点对准绳尺上的标记（或刻度）一侧，轻轻钉在地上。钉点时不得移动绳尺，以免影响他人工作的准确性以及整个工作的进程。当大家都将标记点对准绳尺的标记并轻轻钉在地上后（切勿压住绳尺），指挥员便下达“移绳”的命令，拉绳员立即将绳尺移至下一个标记点，此时钉点人再将标记点完全钉下去，然后原地站立，等待命令进行下一行钉点任务。当右（或左）半场布置完毕后，再布置另一半场地的标记点，程序同上。

(3)插标记序号牌。按照表演要求，组织人员在边线与端线上的基本点前、侧、后方按顺序从左至右，从前向后插放行与排的序号牌，但最好用圆形不易造成划伤。

(4)布置场地的特殊点（图 11－26 中的 O 即为特殊点）。全场的基本点以及行与排的序号牌的布置工作完毕以后，指定专人进行各场表演中所需特殊标记点的布置工作。如果特殊标记点的位置与场上某基本点的位置相同，则应将特殊标记钉于基本点的一侧为好；如果一个基本点上遇到 2～3 个特殊标记，则应分开钉在该基本点的周围。

参考文献

［1］ 刘东义，杜立峰.陆军步兵士兵专业训练教材［M］.北京：解放军出版社，2005.

［2］ 林建棣.军事体育［M］.北京：解放军出版社，2003.

［3］ 龙义和.连队军事训练指南［M］.北京：国防大学出版社，2003.

［4］ 陈高平，宋其义.军事体能训练指南［M］.北京：国防大学出版社，2004.

［5］ 杨洪训，李玉玮.军人心理行为训练［M］.北京：解放军出版社，2003.

［6］ 郑法宝.战术基础与防护［M］.北京：解放军出版社，2003.